JN110851

今さら聞けない！

倫理の
キホンが
2時間で
全部頭に入る

代々木ゼミナール 公民科講師
蔭山 克秀

すばる舎

はじめに

「倫理」という言葉の意味をご存じですか？

分解してみるとわかりますが、「倫」という文字は、にんべんと輪っかを組み合わせた「人の輪」、つまり「仲間」を意味します。

そしてそこに「理（筋道・道理）」がくっつくことで、倫理は「仲間や共同体の中で守るべき道理」、言い換えれば「**社会の中でのよい生き方**」という意味になります。

そう考えると、高校の授業で「倫理」を学ぶ意味は、**人の考え方や人としてのあり方を学ぶことで、社会の中で他者と共に生きる能力を身につけること**、でしょう。

だからこの科目で学ぶ内容は、哲学だけでなく、宗教・心理学・現代社会の特質・生命倫理など、多岐にわたるのです。

とはいっても、実際に「倫理」という科目で学ぶ内容の大半は「人の考え方」、つまり哲学です。だから皆さんも、全体を学ぶ意識を持ちつつも、哲学に軸足を置いて学んでいかれるのがよいと思います。

🧠 学ぶ際のコツ：内面性への注目

高校社会科では「公民」という言葉で、政治経済と倫理をひとくくりにします。しかしこの2つ、確かにどちらも「公民（社会の一員としての市民）」ですが、まったく性質が違います。

なぜなら政治経済では「**社会の外面（ハード）**」を、倫理では「**人間の内面（ソフト）**」を、主に扱うからです。

このハードとソフトは、確かに「社会」という共通項で密接に関連してはいますが、ゲーム機の操作方法と個々のゲームの攻略方法がまったく違うように、同じ学習方法では修得できません。

実際、私は予備校で両方の科目を教えていますが、この2科目を同じ思考回路で学習してしまい、片方がどうしてもしっくりこないという受験生に、数多く出会っています。

では、どう学べば倫理が頭に入ってきやすいのか？

　答えは「まず受け入れ、共感しようとしてみる」ことと、「時代背景に注目する」ことです。

　予備校で生徒の様子を見てみると、どうやら彼らには「社会の枠組みの違い」のような〝客観的な違い〟は理解しやすく、「考え方の違い」のような〝主観的な違い〟は理解しにくいようです。

　主観はその人の自我ですから、おそらく他者の自我に触れて自己の自我が揺さぶられるのを警戒し、本能的に拒絶するのでしょう。

　でも「拒絶」から入ると、倫理で学ぶ内容の大半は「この哲学者の考え方、俺と全然違うぞ？」でフリーズし、永久に理解できません。

　だから皆さん、まず「肯定」から入りましょう。姿勢を切り替え、「こんな考え方もあるんだ、興味深いな」とするだけで、倫理はぐっと理解が深まり、楽しい科目になります。

　そしてさらに大事なのが、「時代背景」の学習です。

　後世に残るほど力強い思想は、いきなり生まれてきません。

　必ず「時代の要請」があります。

　「ああ、こんな時代だったから、この思想が生まれたのか」

　それがわかるだけで、倫理はより深く理解できます。

本書の使い方

　本書の使い方は簡単です。とにかく肯定的な気持ちで、前から素直に読み進めてください。「時代背景とわかりやすさ」に注意を払っていますから、それだけで倫理のキホンはかなり理解できるはずです。

　なお本書は、思想の「大枠」をつかむことに主眼を置いているため、わかるべき箇所をわかりやすく説明することに力を割き、難しすぎる箇所の説明は軽めになっている点、ご了承ください。

　本書を通じて、少しでも多くの皆さんに「倫理という科目」の面白さを知っていただけたら幸いです。ぜひこの機会に、哲学だけでなく、宗教や心理学、生命倫理の面白さも味わってみてください。

はじめに …… 2

▷PART 1
古代ギリシャの思想

古代ギリシャ思想①
哲学の始まりはギリシャ人たちの「暇」 …… 20
奴隷制の発展が、ギリシャ人の思考を神話から理性に押し上げる

古代ギリシャ思想②
万物の根源、アルケーを探求する者たち …… 22
タレス、ピュタゴラス、ヘラクレイトス、デモクリトス…それぞれの正体探し

古代ギリシャ思想③
詭弁家・ソフィストたちの台頭 …… 24
アテネ市民たちの関心は自然から弁論術へ移っていく

古代ギリシャ思想④
「善く生きる」とは? 倫理学の祖 ソクラテス …… 26
魂に備わっている善さを育むために知識を身につける

古代ギリシャ思想⑤
ソクラテスが市民を導いた問答法 …… 28
相手に問いかけ続け、矛盾を自覚させて「無知」に気づかせる

古代ギリシャ思想⑥
プラトンが追い求めた完全無欠のイデア① …… 30
ソクラテスの信奉者が提唱した永遠不変の「真の実在」

古代ギリシャ思想⑦
プラトンが追い求めた完全無欠のイデア② …… 32
イデアへの憧れ（エロース）を使い現実世界をイデア界に近づける

古代ギリシャ思想⑧
学問・科学の礎を築くアリストテレス① …… 34
プラトンの弟子でありながらイデアを否定し、形相の存在を主張した

古代ギリシャ思想⑨
学問・科学の礎を築くアリストテレス② …… 36
人間の形相・理性を発揮するため中庸を得た生活を勧めた

古代ギリシャ思想⑩
ポリス崩壊後に誕生 エピクロス派とストア派 …… 38
アレクサンダー大王の侵略でポリスの人々は生き方の選択を迫られる

COLUMN　自由の国・ギリシャ …… 40

PART 2
世界に芽吹いた宗教と思想

キリスト教思想①
キリスト教の母体となるユダヤ教 …… 42
神への絶対服従を誓うかわりにイスラエル民族だけを救済する

キリスト教思想②
世界宗教 キリスト教の誕生 …… 44
ユダヤ教の律法を外面的なものから内面的なものに解釈変更した

キリスト教思想③
2人の弟子によるキリスト教の拡大発展 …… 46
国教化によってキリスト教の理論構築が急速に進む

イスラム教
世界三大宗教の一角 イスラム教の教義 …… 48
商人だったムハンマドが神の啓示を受け開く

古代インド思想①
古代インド思想 バラモン教から仏陀へ ……50
輪廻転生の概念と身分制度が強固に結びついていた

古代インド思想②
仏陀が達した境地 仏教の始まり ……52
真実から遠ざける煩悩を消し、慈悲の心を獲得して悟りに至る

中国の思想①
儒教の歴史と孔子の思想 ……54
戦国時代にあって仁と礼を説き、社会規範と人間愛を広めようとした

中国の思想②
儒教の分裂 仁の孟子と礼の荀子 ……56
性善説をとった孟子ではなく、性悪説の荀子が為政者に採用された

中国の思想③
12世紀の新儒教 朱子学と陽明学 ……58
人の本性はすべて善なのか？ 善悪含めての心が本質なのか？

中国の思想④
儒家と正反対の道 老荘思想 ……60
仁や礼を不自然なものとし道に従って逆らわない生き方を説いた

COLUMN 贖罪とアガペー ……62

PART 3
西洋近代思想の成立と展開

ルネサンス①
カトリック教会との決別 ルネサンス ……64
教会権威の失墜、市民の台頭によって自由意志を取り戻す機運が高まる

ルネサンス②
ルネサンス期のヒューマニズム …… 66
現代のヒューマニズムと違い、教会的価値観への反発を指す

宗教改革①
宗教改革の先駆者 ルターの活動 …… 68
教会の深刻な腐敗に怒り、キリスト教徒本来のあり方を説いた

宗教改革②
カルヴァンの予定説に基づく宗教改革 …… 70
画期的な職業召命観の解釈をヨーロッパ全土に広めた

科学とキリスト教
神を中心とした自然観との決別 …… 72
神域への遠慮が外れあらゆる分野で科学的探究が進む

経験論①
自分の目で見て真理へ ベーコンの経験論 …… 74
実験・観察から真理に至り自然の支配をめざす

経験論②
ベーコンに続く3人のイギリス経験論者 …… 76
三者三様のアプローチで経験論哲学を確立した

合理論①
我思う、ゆえに我あり デカルトの合理論 …… 78
自分の頭で考えることを重視し、ゆえに「考える自分」を発見する

合理論②
物心二元論とパスカルの繊細の精神 …… 80
デカルトの幾何学的な思想にパスカルは非論理性で反駁した

汎神論
神の意志はどこに？　スピノザとライプニッツ …… 82
神を人格的存在ととらえず、神＝自然と考える汎神論

社会契約説①
国家は自然権の庇護者 社会契約説 …… 84
自然法だけでは守れない自然権を保障するために国家があるという考え

社会契約説②
それぞれの自然権解釈 3人の社会契約説論者 …… 86
王権の暴力から直接民主制まで 自然権を守るためにできること

啓蒙思想①
無知蒙昧から理性でひらく 啓蒙思想 …… 88
人民を啓発する啓蒙思想はフランスへ輸入され革命につながる

啓蒙思想②
人間の認識能力の限界 カントの理性批判 …… 90
「対象が認識に従う」従来の常識に逆行した認識論

啓蒙思想③
カントが思い描いた理想国家・目的の王国 …… 92
万人が実践理性の道徳命令に従ってふるまえる世界を広めようとした

啓蒙思想④
絶対精神が世界の発展を促す ヘーゲル …… 94
人々は絶対精神に操られ弁証法的に世界を社会を動かしてきた

功利主義
行為の善悪を快楽の有無に求める功利主義 …… 96
個人の快楽量の増加をめざすベンサム 快楽の質的差異に着目したミル

社会学
社会学の祖 コントとスペンサー …… 98
実証主義で未来を予測するコント、進化論を発展させたスペンサー

COLUMN 道徳性と適法性のお話 …… 100

PART 4
現代の思想 社会主義と実存主義

社会主義①
社会主義の成立条件と空想的社会主義 ······ 102
社会主義が成り立つには高度に発達した資本主義経済が前提

社会主義②
マルクスによる科学的社会主義 ······ 104
下部構造が変わることで上部構造も作り変えられる

社会主義③
資本主義の改良をめざす社会民主主義 ······ 106
現在の政党の源流となっている修正主義とフェビアン社会主義

実存主義①
生き方を考える哲学 実存主義 ······ 108
産業革命下の社会で疎外に苦しんだ者たちが、個のあり方を問う

実存主義②
実存主義の祖 単独者キルケゴール ······ 110
単独者としての生き方を模索し、宗教的実存にたどりつく

実存主義③
包括者の存在を説いたヤスパース ······ 112
人間がたどりつけるのは世界の一部 限界状況から気づきを得る

実存主義④
死を自覚し主体性を回復せよ ハイデガー ······ 114
人間は自分の死を正面から意識することで、生がリアルなものとなる

実存主義⑤
ニーチェによるキリスト教道徳への批判 ······ 116
ルサンチマンに基づく価値形成は自己の無価値の肯定につながる

実存主義⑥

無価値を乗り越えよ ニーチェの超人思想 …… 118
神は死に、歴史は永遠回帰するが超人は価値なき時代も生き抜ける

実存主義⑦

人は自由に拘束される 知の巨人 サルトル …… 120
実存は本質に先立つがゆえに、人は自由に対して責任がある

プラグマティズム

実用性至上主義 プラグマティズム …… 122
仮説と検証によって真理を探究 真理が相対的であるのが最大の特徴

COLUMN　ちょっとだけキルケゴールを擁護 …… 124

PART 5
現代の思想 近代思想批判

フランクフルト学派①

啓蒙のゴールに警鐘 フランクフルト学派 …… 126
精神分析学や弁証法を取り入れてナチズム・管理社会を批判した

フランクフルト学派②

民衆の自由への不安を指摘したフロム …… 128
ヒトラー支持の背景にあったサディズムとマゾヒズム

フランクフルト学派③

無自覚に生きるなかれ 2人の新フロイト派 …… 130
マルクーゼの一次的人間批判と、ハーバーマスの合理性の分析

構造主義①

人間を個人ではなく構造でとらえる構造主義 …… 132
社会構造を通すことで西洋文明が見過ごしてきた問題点をあぶり出す

構造主義②
失われた可能性に着目 ポスト構造主義 …… 134
切り捨てられてきた性や可能性の解放を主張

正義論
公正としての正義とは 公共哲学者ロールズ …… 136
ヴェールに包まれた原初状態から2つの原理が導かれる

非欧米系思想
アジア経済発展の礎 非欧米系思想 …… 138
西高東低の人種的優劣観から脱し福祉・経済システムを構築した

COLUMN 自由への希求 …… 140

PART 6
日本の思想・宗教 飛鳥〜鎌倉時代

日本の仏教①
仏教に基づく国作りをめざした聖徳太子 …… 142
豪族間の対立を解消するために仏の教えを活用した

日本の仏教②
腐敗した仏教を切り離した桓武天皇 …… 144
奈良仏教の実質的国教化と腐敗 苦悩した桓武天皇は密教に執心

日本の仏教③
密教を日本に伝えた最澄と空海 …… 146
最澄は誰もが仏になれると説き、空海は理解ではなく体得が要と説く

日本の仏教④
末法思想が広がり 関心は極楽浄土へ …… 148
平安仏教は密教の隆盛、本地垂迹説、末法思想という流れで進んだ

日本の仏教⑤
末法の世の生き方を探る鎌倉仏教 ⋯⋯ 150
煩悩にまみれた凡夫を救済対象とし阿弥陀仏にすべてを委ねる

日本の仏教⑥
坐禅か唱題か 曹洞宗と日蓮宗 ⋯⋯ 152
道元は末法思想を否定し、日蓮は国家の救済を訴えた

COLUMN　君は地獄を知っているかい？ ⋯⋯154

PART 7
日本の思想・宗教 江戸時代

日本の儒教①
泰平の世で朱子学を大成させた林羅山 ⋯⋯ 156
江戸幕府の求める秩序構築と理想が一致し御用学問へ

日本の儒教②
朱子学への反発から伸長した陽明学 ⋯⋯ 158
柔軟で実践的な中江藤樹の陽明学が徐々に浸透する

日本の儒教③
儒学の原典に戻るべし 古学派の台頭 ⋯⋯ 160
新儒教・朱子学への疑問から原点回帰を求めた三派

日本の儒教④
古義学・古文辞学の祖 伊藤仁斎と荻生徂徠 ⋯⋯ 162
『論語』『孟子』を研究する古義学と理想的治世を追究する古文辞学

国学①
日本固有の思想の確立をめざす国学 ⋯⋯ 164
中国から伝来した儒学・仏教以前の日本固有の思想・道徳とは何か

国学②
日本は真心に立ち返れ 本居宣長の古事記研究 …… 166
儒仏とは異なるおおらかな神々こそ日本人の生き方のモデルとなる

その他の江戸時代の思想①
士農工商をめぐる見解 江戸の民衆思想家たち …… 168
農民・商人をそれぞれ擁護した石田梅岩・安藤昌益・二宮尊徳

その他の江戸時代の思想②
オランダを窓口としたヨーロッパの学問 蘭学 …… 170
徳川吉宗が禁書令を緩和し、大量の洋書流入で一気に活性化

その他の江戸時代の思想③
優秀な人材を続々輩出 江戸時代の私塾 …… 172
忠臣を育成する公的教育機関ではなく自由な校風で人材育成に貢献した

その他の江戸時代の思想④
国難克服から倒幕へと変貌した水戸学 …… 174
内憂外患の克服から尊王攘夷論を主張するが幕府への幻滅で変質した

COLUMN 時・処・位の大切さ …… 176

▷PART 8
日本の思想・宗教 明治時代以後

日本の啓蒙思想①
日本初の啓蒙思想団体 学術結社・明六社 …… 178
明治維新によって刷新された社会に西洋的理性をもたらそうとする

日本の啓蒙思想②
独立自尊を説いた啓蒙思想家・福沢諭吉 …… 180
天賦人権思想を「天は人の上に人を造らず」と表現

日本の啓蒙思想③

「東洋のルソー」と呼ばれた中江兆民 ⋯⋯ 182
フランス流の恢復的民権が理想も恩賜的民権に妥協点を求める

近代日本とキリスト教①

明治日本を代表するクリスチャン・内村鑑三 ⋯⋯ 184
西洋近代文明発展はプロテスタントの利潤肯定と倫理観にあると考えた

近代日本とキリスト教②

キリスト教と社会主義 日本での奇妙な関係 ⋯⋯ 186
平等な社会をめざしているとしてマルクス主義に転向する者も

その他の近現代日本の思想①

自己本位の夏目漱石と諦念の森鷗外 ⋯⋯ 188
急激な近代化で生じた自我の問題に異なる答えを出した2人の大文豪

その他の近現代日本の思想②

人間関係を弁証法的に紐解いた和辻哲郎 ⋯⋯ 190
人間を個と社会の弁証法的統一体ととらえ、孤立と埋没を防ごうとした

その他の近現代日本の思想③

禅を軸に独自の哲学を展開した西田幾多郎 ⋯⋯ 192
事物に触れた瞬間の原初の経験にこそ本質がある

その他の近現代日本の思想④

欧化主義への反発から国粋主義が台頭 ⋯⋯ 194
民族・歴史・文化への誇りを失った日本政府の媚態を攻撃した

その他の近現代日本の思想⑤

自らの思想に殉じた幸徳秋水と北一輝 ⋯⋯ 196
社会主義者として帝国主義を国家主義者として軍部を標的とした

その他の近現代日本の思想⑥

それぞれの道を究めた文学者・文芸評論家 ⋯⋯ 198
創作・批評を通じて自らの思想を実現しようとした

その他の近現代日本の思想⑦
全体主義からの復活 戦後の思想家たち 200
戦前・戦中の思想体系を分析し焼け野原からあるべき姿を模索

日本の伝統文化①
神話から読み取れる古代日本人の精神 202
古事記から、古代日本人の楽天的・現世肯定的態度が伝わる

日本の伝統文化②
地理的要因が生んだ日本の共同体意識 204
空間を共有する仲間との和を過剰に意識する「恥の文化」

日本の伝統文化③
ハレとケに分かれる農耕民・日本人の1年 206
「ハレ」は改まった特別な日「ケ」は何の変哲もない日常

COLUMN いい嘘・悪い嘘 208

▷ PART 9
現代社会の諸課題

大衆社会の特質①
大衆社会を生んだ消費と意識の均一化 210
工業化と大量生産が進んだ結果、誰もが同じような生活・志向に至る

大衆社会の特質②
時代とともに変わりゆく社会集団と家族の形 212
基礎的集団から機能的集団へ 家制度から核家族へ

大衆社会の特質③
めざましい情報化の進展の光と影 214
IoT、ビッグデータ、AI…利便性は様々な弊害も招く

生命倫理①
絶対的な正解はない 生命倫理の世界 ⋯⋯ 216
多様化する子どもの生まれ方に日本は法整備が追いつかない

生命倫理②
可能でも問題山積なクローン人間の作製 ⋯⋯ 218
やるか、やらないかの段階だが宗教的・法的なハードルが多数

生命倫理③
臓器移植を念頭に拡大された死の範囲 ⋯⋯ 220
死は医師が死の三徴候をもって判断するが法律上は明記がない

生命倫理④
人間らしい生の終わり 安楽死と尊厳死 ⋯⋯ 222
治療を中止する消極的安楽死と、薬物投与などを使う積極的安楽死

生命倫理⑤
ゲノム編集と患者の自己決定権 ⋯⋯ 224
医師ができることをする時代から求められたことをする時代へ

青年期と人間形成①
第二次性徴で促される2つの自我の芽生え ⋯⋯ 226
「男女の別」「親とは別」という意識から始まる長いモラトリアム

青年期と人間形成②
青年期に陥りがちな自立への不安 ⋯⋯ 228
自立への不安が克服しないと目的意識の喪失や依存心の増大に

青年期と人間形成③
無意識を研究した精神分析学者フロイト ⋯⋯ 230
「エス」と「スーパーエゴ」を「エゴ」が防衛機制で調整する

青年期と人間形成④
人類の共通イメージを元型に求めたユング ⋯⋯ 232
集合的無意識を「影」「太母」「老賢者」「アニマ／アニムス」などに類型化

現代のヒューマニズム

非人間性からの解放 現代のヒューマニズム …… 234

他者への愛のために自らの人生を捧げたヒューマニストたち

おわりに …… 236

ブックデザイン・イラスト:小林祐司
図版協力:上出祥子／伊比 優

PART 1

古代ギリシャの思想

古代ギリシャは、「知を愛する」西洋哲学発祥の地です。
ここではそのギリシャ哲学の誕生から衰退までを見ていきましょう。
ポイントは彼らの「価値観」。
彼らにとっては、「秩序・調和＝善」が最優先であることをお忘れなく。

哲学の始まりは
ギリシャ人たちの「暇」

▷ 奴隷制の発展が、ギリシャ人の思考を
　神話から理性に押し上げる

哲学のおこり

生きるのに忙しい！

きっと神様が
お怒り
なんだろう……

神話（ミュトス）で世界を理解

BC6世紀頃、奴隷制が発達

暇になった……

なぜ雷は
光るのだろう？

雨は
降るのだろう？

理性（ロゴス）で考え始める

万物の根源（アルケー）の探究へ

☺ そもそも哲学とは

「**哲学（philosophy）**」という言葉は、ギリシャ語の「**フィロソフィ
ア（＝愛知）**」からきています。命名者は明治の啓蒙思想家・西周。
哲は「さとい（＝道理に明るい）」ですから、哲学は「**知識を愛して
道理に明るくなる学問**」という意味になります。

さてこの哲学、「知りたい！」という欲求を満たすきわめて人間的
な学問ですが、残念ながら太古のギリシャ人たちに、そんな暇はあり
ません。だって彼らは、まず生きるのに必死でしたから。

だからこの時代、彼らが世の不思議を説明する手段は「**神話（ミュ
トス）**」でした。つまり「なぜ雷は光るんだろう？」の答えは、「**雷の
神さまが光らせているから**」だったのです。

というわけで、太古のギリシャ人たちは、神さまという非常に便利
な万能のチートアイテムで世界の謎を説明するかわりに、愛知にフタ
をしてきたのでした。

しかしBC6世紀頃、彼らの生活に変化が起こりました。「**奴隷制**」
の発達です。奴隷のおかげで日々の雑事から解放された彼らは、愛知
に最も必要なものを手に入れました。「**暇（スコレー）**」です。

暇は人を哲学者にします。なぜなら、知識欲が人間の根源的欲求で
あるとすれば、暇は多くの場合、「知を愛する暇」に結びつこうとす
るからです。そもそもスコレーは「スクール」の語源。そう考えても、
やはり**暇こそ学びの源**といえそうです。

こうしてついにギリシャ人たちは、雷が光る理由をちゃんと「考え」
始めたのです。これは彼らの思考のステージが、「**神話（ミュトス）**」
から「**理性（ロゴス）**」に上がったことを意味します。

さあ、いよいよ哲学の始まりです。

最初期の哲学は、世の不思議を解明する自然哲学。中でも特に熱中
したのが「**万物の根源（アルケー）**」探し。

まさに実用性ゼロの暇つぶし。これぞ「愛知」ですね。

万物の根源、アルケーを探求する者たち

> タレス、ピュタゴラス、ヘラクレイトス、デモクリトス…それぞれの正体探し

万物の根源（アルケー）の正体

水である
タレス
（BC624?〜BC546?）

固体
液体
気体

物質の
3側面
がある

数である
ピュタゴラス
（BC582?〜BC496?）

＼ 音階を発見！ ／
ドレミファソラシド…
12345678…

音のように
万物にも
数学的秩序
がある

火である
ヘラクレイトス
（BC540?〜BC480?）

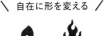
＼ 自在に形を変える ／

変化こそ
万物の本質

原子である
デモクリトス
（BC460?〜BC370?）

物質を
刻んでいくと、
最後は
原子
となる

🧠 根源の正体は「水」「数」それとも「火」？

BC6世紀、ギリシャ人たちは、「**万物の根源（アルケー）**」探しとい
う〝暇つぶし〟に、知への情熱を注ぎました。

ここでは、その代表的なものを見てみましょう。

タレスは、万物の根源を「水」と考えました。

なぜなら水は「水・氷・蒸気」の形で、物質の持つ3側面（液体・
固体・気体）すべてを持ち合わせているからです。

ピュタゴラスは、万物の根源を「数」と考えました。

ただしこの数は、数字ではなく「**規則性や秩序の象徴**」という意味
です。

実は古代ギリシャには、「**善＝規則性や秩序／悪＝それらの乱れ**」
という価値観がありました。そこで彼は、こう考えたのです。

「善悪は、規則性の考察手段で把握できる。それは数学や音楽だ」と。

ならば数学を極め「善」に触れ続ければ、魂も浄化できるはず。だ
から彼は、宗教的な教団を作り、弟子たちと数学研究に没頭したので
す。つまり彼の数学は「**魂を救う宗教的手段**」だったわけですね。

ヘラクレイトスは、万物の根源を「火」と考えました。

ただしこの火も、ピュタゴラスの数同様、象徴的な意味です。

彼にとって火は「**変化の象徴**」でした。つまり、変化こそが万物の
本質だというとらえ方です。彼にとって万物は、ゆらめく炎の形のよ
うに、たえず変化し、一瞬たりとも同じ形をとどめないものでした。
これを彼は「**万物は流転する**」と表現したのです。

なかなか白熱してきましたね。しかしピュタゴラスとヘラクレイト
スが示すものは「世の成り立ちの根幹」であり、「すべての物質の大
もと」を探すという本来の趣旨から外れてきています。

でもそれを軌道修正する人物が現れました。**デモクリトス**です。

彼は何と、万物の根源を「**原子（アトム）**」と考えたのです。

単なる暇つぶしから、ずばり正解に至るとは、恐れ入りました。

詭弁家・ソフィストたちの台頭

▷ アテネ市民たちの関心は自然から弁論術へ移っていく

相対主義でアテネがピンチに

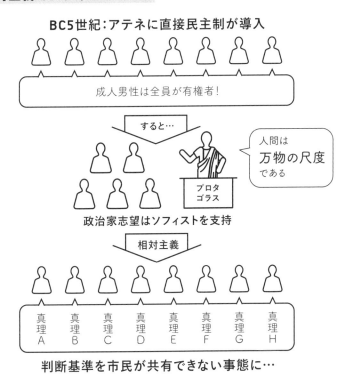

BC5世紀：アテネに直接民主制が導入

成人男性は全員が有権者!

すると…

人間は**万物の尺度**である

プロタゴラス

政治家志望はソフィストを支持

相対主義

真理A　真理B　真理C　真理D　真理E　真理F　真理G　真理H

判断基準を市民が共有できない事態に…

参政権の思わぬ弊害

　万物の根源探しに熱中していたアテネ市民は、BC5世紀、すばらしいものを手にしました。**参政権**です。しかも何と全員参加の「**直接民主制**」、もう最高です。なぜなら今後は口さえ達者ならば、自力でアテネを最高のポリスに作り替えられるわけですから。

　こうなると、**万物の根源探しよりも「弁論術」**です。というわけで、アテネでは空前の弁論術ブームが巻き起こりました。

　そんな中、登場したのが「**ソフィスト**」です。ソフィストとは「弁論術の指導者」ですが、彼らが現れたことで、アテネの空気は一変、利己的風潮が蔓延（まんえん）します。なぜそうなったのか？

　それは彼らの弁論術が「**詭弁**（きべん）」に近いものだったからです。

　ソフィストの弁論術は、「対人用」のスキルです。これは万物の根源探しのような自然探究のロジックとは、根本的に違います。

　なぜなら自然界は「絶対的」な世界（「水は必ず上から下に流れる」など）ですが、人間社会は「**相対的**」な世界（「殺人は悪だが、敵を殺すのは正義」など）だからです。ならば万物の根源探しに熱中した自然哲学者たちのロジックなど、人間相手に役立ちません。それよりも役立つのは、ケースバイケースで相手を説得する技術、詭弁です。

　代表的なソフィストたちの発言からも、その辺の相対主義的な詭弁ぶりはよく伝わってきます。例えばアンティポンは「**正義とは法を遵守（じゅんしゅ）すること**」と言っていますが、これは、犯罪すれすれの行為をすべて正義としてしまいます。

　またプロタゴラスは「**人間は万物の尺度である**（＝人間一人ひとりがそれぞれ１つずつの物差し）」と言っていますが、これだと真理は百人百様の相対的なものになり、**是非善悪などの絶対的な判断基準を、市民が共有できなくなります**。

　みんなで守る絶対的ルールが必要なのに、相対主義が蔓延するアテネでは作れません。民主政はこの時代、ピンチを迎えました。

「善く生きる」とは？
倫理学の祖 ソクラテス

> 魂に備わっている善さを育むために
> 知識を身につける

ソクラテスが考える「善」

ソフィスト
絶対的な善など存在しない

いや、絶対的な善は
存在する！

ソクラテス
（BC470?〜BC399?）

徳 ＝善さが元々ある

徳を知れば
正しい生き方ができる
知徳合一

🧠「絶対的な善」はある

ソクラテスは「倫理学の祖」と呼ばれる人物です。そしてこのソクラテスこそが、利己的風潮が蔓延するアテネで「善く生きる」ことの大切さを訴え、アテネの民主政を救おうとした人物なのです。

では「善く生きる」とは、一体何なのでしょう。

まず彼は、相対主義を説いたソフィストと違い、みんなで守るべき「絶対的な善」はあると考えました。それは「宇宙の善」とでも呼ぶべき、宇宙の中心で太陽のように輝く〝秩序・調和の源〟のことで、イメージ的には「善の神さま」みたいなものです。

そして、古代ギリシャ人にとっては「善=秩序・調和」なので、その宇宙の善が作り出した秩序・調和に従った生き方が「善く生きる」であり、そういう生き方ができる人が、よりよいアテネを築いていける「善美の人」ということになるのです。

では、アテネ市民が「善美の人」になるには、何が必要でしょう？ 答えは「魂に備わっている善さ」を育む〝知識〟を身につけること。

ソクラテスによると、魂には元々、宇宙の善に基づく「善さ（=徳）」が備わっており、「魂への世話」を通じて、その善さを「勇気・節制・正義」などの具体的な徳へと育むことができます。そのために必要なのが「知識」。つまり私たちは、知識さえ身につければ、魂を正しくケアでき、誰もが善く生きられるはずなのです（=知徳合一）。

ところが私たちには、その知識がない。そのため今のアテネは、秩序が乱れに乱れるという「悪」に染まっているのです。

この状況は、「人間は誰しも善を求めて行動する。この世のすべての悪行は〝善についての無知〟からくるものだ」という考えを持つソクラテスからしたら、何とも残念な話です。

ならば、アテネ市民に「善く生きる」を実践させるためには、何が必要なのでしょうか。それは次項で解説します。

ソクラテスが市民を導いた問答法

▷ 相手に問いかけ続け、矛盾を自覚させて「無知」に気づかせる

神託から生まれた問答法

● デルフォイの神託

ソクラテス以上の知者はいない

巫女

無知な私だが**無知を自覚している**分、他より上ということか…

ソクラテス

● 無知を自覚させる問答法

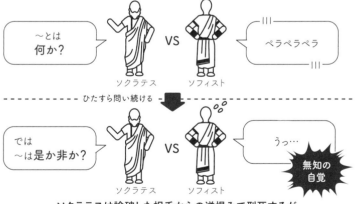

〜とは何か？

ソクラテス

VS

ペラペラペラ

ソフィスト

- - - - - - - ひたすら問い続ける - - - - - - - →

では〜は是か非か？

ソクラテス

VS

うっ…

ソフィスト

無知の自覚

ソクラテスは論破した相手からの逆恨みで刑死するが、後世に絶大な影響を残した

🧠 何も教えなかったソクラテス

　ソクラテスによると、アテネ市民が「善く生きる」を実践し、善き
アテネを築くためには、まず善についての「**無知を自覚（＝無知の
知）**」すべきです。なぜなら、己の無知に気づいた人間は、無知を恥
じて知に貪欲になるため、その積極的姿勢で勉強すれば、いずれ魂に
備わる徳や、宇宙の善についての知識も得られるはずだからです。

　ソクラテスが無知の自覚の重要性に気づいたのは、「デルフォイの
神託」のおかげといわれています。デルフォイ神殿で巫女から「**ソク
ラテス以上の知者はいない**」との神託を受けた彼は、その神託を訝し
く思い（彼は「自分は無知だ」と思っていた）、確認のため多くの知
者とされる人たちと対話した結果、「**自分もみんなも無知だが、無知
を自覚する分だけ、自分の方が上**」であると気づいたのです。

　ちなみに神殿には「**汝自身を知れ**」という標語が書かれていまし
たが、彼はそれを「己の無知を自覚せよ」という意味でとらえました。

　そしてソクラテスが、アテネ市民に無知を自覚させるために用いた
手法が「**問答法**」です。問答法とは、相手に「〜とは何か」「〜は是
か非か」などと問い続け、矛盾を突いて相手が無知に気づく「**手助け**」
をするやり方です。ここで重要なのは、**ソクラテスからは決して何も
「教えない」**ということ。なぜなら当時のアテネで人にものを教える
人はソフィストであり、彼らは「秩序の破壊者（つまり悪）」だった
からです。だから彼は何も教えず手助けしかしなかったため、このや
り方は「**助産術（産婆術）**」とも呼ばれます。

　彼はその後、理不尽な判決で死刑になりますが、最期まで「善く生
きる」を貫きました。本も書かず、弟子も取らず、報酬も受け取らな
かったのも、ソフィストと同じになりたくなかったからです。

　私たちは彼の姿を、**熱烈な信奉者プラトンの著書から読み取るしか
ないため**、どこまでが真実かわかりませんが、彼が非常に影響力のあ
る人で、アテネ市民に生きる指標を与えたことは間違いありません。

プラトンが追い求めた完全無欠のイデア①

> ソクラテスの信奉者が提唱した
> 永遠不変の「真の実在」

イデア＝万物の本質・原型

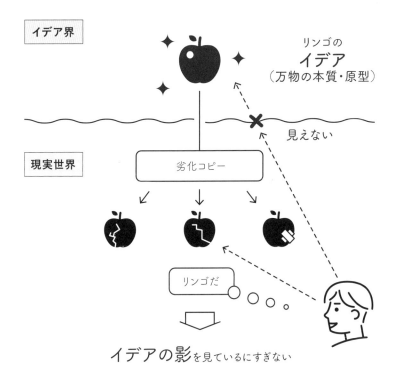

イデア界

リンゴの
イデア
（万物の本質・原型）

見えない

現実世界

劣化コピー

リンゴだ

イデアの影を見ているにすぎない

師と同様に「本当の善」を求める

プラトンは、ソクラテスの熱烈な信奉者でした。

元々は政治家志望でしたが、ソクラテスを理不尽な死に追いやったアテネの民主政に失望し、哲学者になりました。著書のないソクラテスと違い、彼は「**対話篇（対話形式の作品）**」で多くの作品を残しています。**ソクラテスの思想が今に伝わるのも、彼の著書のおかげです。**

ソクラテス同様、プラトンも「本当の善」を求めました。

ソフィストは「本当の善などない。善も時代や場所によって形が変わる相対的なものだ」と言いますが、プラトンはそうは思いませんでした。なぜなら、いかに形が変わろうと、それらすべてが善だとわかる以上、すべての善の基準となる「本当の善」がどこかにあるはずですから。プラトンはそれを「**善のイデア**」と名づけました。

では、イデアとは何でしょう。

イデアとは「**万物の本質・原型**」にして、永遠不変の真の実在です。それは地上の現実世界にはなく、イデア界にあります。イデア界とは天の上にある理想世界で、現実世界の映し鏡のようでありながらイデアだけで構成された、いわば「完全無欠の天国」みたいな場所です。

対して、私たちの住む現実界は不完全な世界です。そこにはイデアの劣化コピーしかないため、永続性もなく、すべては究極の真善美からほど遠いものばかりです。

プラトン曰く、「洞窟の外には、まばゆく輝くイデアの世界がある。でも我々は洞窟の中に閉じ込められ、入り口に背を向けて固定された囚人のようなものだ。だから我々は、洞窟の壁に映ったイデアの影しか見ることができないのだ」（＝**洞窟の比喩**）。

イデア界がそこまですばらしい世界ならぜひとも知りたいものですが、残念ながら**イデアは知覚できません**。なぜなら私たちの肉体はいずれ滅びる不完全なものであり、そこに備わる感覚器官ごときでは、完全無欠のイデアを見たり聞いたり触ったりできないからです。

では、現実界をイデア界に近づける方法はあるのでしょうか。

プラトンが追い求めた
完全無欠のイデア②

> イデアへの憧れ（エロース）を使い
> 現実世界をイデア界に近づける

現実世界にあってイデアの匂いがするもの

イデア界

魂

知っている →

イデア

現実世界

魂

なんだか懐かしいなぁ

現実界にあって
イデアの匂いがするもの

真　善　美

イデアへの憧れ＝エロース

プラトン
（BC427〜BC347）

思い出し続けることでイデア界に近づくはず

魂だけはイデアを知っている

　不完全な現実界を完全無欠のイデア界に「変えること」はできませんが、「近づけること」はできます。「魂」を活用するのです。

　プラトンによると、実は魂だけは、イデア界との接点を持っています。なぜなら魂は「元イデア界の住人」で、輪廻でイデア界とつながっているからです。ということは、魂をうまく刺激できれば、イデアを知覚できなくても、魂で「思い出す［＝想起（アナムネーシス）］」ことはできるはずです。ではどうすればいいのでしょう。

　それはこの現実界で、**イデアの匂いのする要素（真・善・美など）に接し続ける**ことです。美術品、高度な数学、美しい青年……何でもいいので触れ続けます。もちろん現実界にそれらのイデアはありませんが、魂を刺激する要素になってくれれば十分です。

　なぜならプラトンによると、私たちの魂は「**イデアへの憧れ（＝エロース）**」に満ちているからです。ならば、たとえ触れたものが現実界にあるイデアの劣化コピーであっても、触れたことで「イデア界にはこれらの本物があった。懐かしいなあ」と思い出すことにつながります。それを積み重ねていけば、私たちの魂はどんどんイデア界を思い出し、いずれ**現実界をイデア界に近づける**ことに役立つはずです。

　またプラトンは、それとは違った「理想国家の作り方」も示します。「**魂の三分説**」です。これは理性・意志・欲望という三部分から成る私たちの魂を、政治家・軍人・庶民の役割分担でそれぞれ「知恵・勇気・節制」に転化していけば、最後は正義の実現した理想国家ができるというものです。そしてその国家は「**哲人王**」が統治します。

　哲人王とは哲学的素養に優れ、善のイデアを「**直観できる（＝本質を見抜ける）**」統治者のことです。ギリシャ的善が「秩序・調和」であることを考えると、これで国家の秩序が保てるというわけです。

　彼はアテネ郊外に「**アカデメイア**」という学園を開き、生涯かけてこれらの思想を青年たちに教えていきました。

学問・科学の礎を築く
アリストテレス①

> プラトンの弟子でありながらイデアを
> 否定し、形相の存在を主張した

形相とその発現のしくみ

● 形相

プラトンの考え

イデア（本質）

否定

アリストテレス
（BC384〜BC322）

形相（本質）

本質なら事物の中
に入っているはずだ

● 運動因と目的因

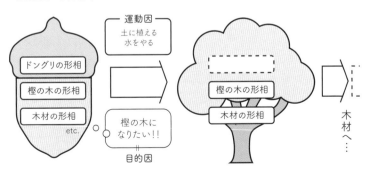

ドングリの形相
樫の木の形相
木材の形相
etc.

運動因
土に植える
水をやる

樫の木に
なりたい!!
＝
目的因

樫の木の形相
木材の形相

木材
へ…

🧠 目的論的世界観

アリストテレスはプラトンの弟子ですが、師のイデア論を批判しました。理由は、素朴な疑問からです。

「師は事物の本質を天上のイデアだと言うが、本質だけ別の場所にあるなんておかしい。**本質なら、事物の中に入っているべきだ**」

では、アリストテレスの考える事物の本質とは何か？　彼はそれを「**形相**」と名づけました。

形相は、事物の本質的特徴です。生き物でいえば「魂」がそれにあたり、必ず事物の素材（＝**質料**）に「内在」しています。そして必ず内在するならば、生き物が死ねば魂も滅びるはずです。ということは、プラトンの考え（魂は元イデア界の住人だから永遠不変。肉体は死んでも、魂だけは死なない）は間違いということになります。

さらに形相は、事物に「複数」内在しています。これは事物が運動・変化することからわかります。例えばドングリは「**樫の木→木材**」と変化していきますが、これはドングリの中に、最初から「**ドングリの形相・樫の木の形相・木材の形相**」が入っていたということです。

では何が刺激となって、次の形相が発現するのか？　アリストテレスは2つの原因を考えました。まず1つめは「外部からの働きかけ」（＝**運動因**）です。つまりドングリは「誰かが土に植え、水をやった」から樫の木へと変化したのです。そしてもう1つは「**目的因**」です。これは事物の持つ「自己の形相を100％実現したいという欲求」です。

つまりドングリには「樫の木になりたい！」という欲求があり、その実現をめざして運動・変化するという理屈です。

アリストテレスによると、事物がこの欲求を持つ理由は「神への憧れ」です。正確には、宇宙のまん中に「**不動の動者**」という神のような存在がいて、万物はその絶対的完全性に憧れ、そこに近づく目的で運動・変化するのです。この考えを「**目的論的自然観**」といいます。

学問・科学の礎を築く
アリストテレス②

> 人間の形相・理性を発揮するため
> 中庸を得た生活を勧めた

人間の形相を「理性」ととらえた

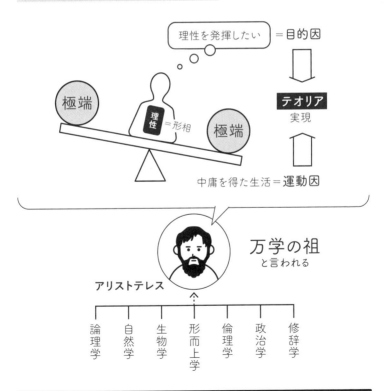

🧠 科学研究の先駆け的存在

現実界に真理を求めたことで、アリストテレスは自然観察に基づく科学探究の先駆けとなり、「**万学の祖**」と呼ばれました。

また彼は、「人間の幸福な生活」についても考えました。まず彼は、生き物の形相である魂のうち、特に人間ならではの形相部分を「**理性**」ととらえました。そして万物に目的因がある以上、人間も理性を存分に発揮して真理を探究する「**観想的生活（＝テオリア）**」を営むことが神に近づく最高善と考え、その実現のため、「理性を100％発揮したい」という目的因だけでなく、何らかの善（＝秩序・調和）につながる運動因に満たされて暮らすべきだと考えました。

そこで彼は、人々に「**中庸（メソテース）**」を得た生活を勧めました。なぜなら中庸とは「極端を避けるバランスのよさ」であり、バランスのいい生活こそが秩序・調和というギリシャ的善を実現してくれるからです。これは言い換えれば、中庸を得た生活こそがテオリア実現に向けての「**善につながる運動因**」になり得るということです。

しかしバランスのいい生活は、安定した社会、つまりポリス（都市国家）における正義なしには実現できません。だから彼は「**人間はポリス的動物である**」という言葉を残したのです。

ちなみに、ポリスで実現すべき正義も、バランスのよさを考えると「**配分的正義**」（相手に応じて配分量に差をつける正義）と「**調整的正義**」（相手が誰であれ不均衡を是正する正義）の2種類が必要だと訴えました。

最後に、ポリスの統治方法ですが、アリストテレスは君主制や貴族制よりも、市民自らが統治する「**共和制**」をよしとしました。

しかし市民の政治参加は、暴政に対する安全度を高める反面、市民からテオリア没頭の時間を奪ってしまいます。だから彼は、市民の参政とテオリアを両立させるため、日常の雑事を任せる「**奴隷制**」の必要性も強調しました。あくまで大事なのは、民主主義よりもテオリア。

古代ギリシャの価値観は、現代と大きく違いますね。

ポリス崩壊後に誕生
エピクロス派とストア派

> アレクサンダー大王の侵略でポリスの
> 人々は生き方の選択を迫られる

二派それぞれのアプローチ

● エピクロス派

心の平穏
（アタラクシア）

エピクロスの園

死んで
原子に還ると
恐怖も
ちりぢりになる

つまり死は恐れる
に足らず！

平穏のまま隠れて
生きよう

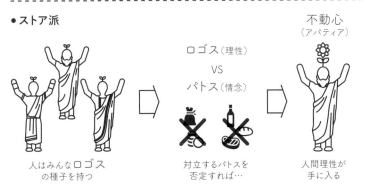

● ストア派

不動心
（アパティア）

ロゴス（理性）

VS

パトス（情念）

人はみんなロゴス
の種子を持つ

対立するパトスを
否定すれば…

人間理性が
手に入る

🗣 心の平穏か、不動心か

紀元前4世紀、ついにポリスが崩壊します。マケドニアのアレクサンダー大王の侵略に遭い、地中海からエジプト・オリエントまで含む広大な世界帝国に飲み込まれてしまったのです。

ポリスという心の拠り所を失ったギリシャ人に残された生き方は、侵略者マケドニア人から隠れて生きる「**個人主義的生き方**」か、みんな仲よく世界帝国の一員として暮らしていく「**世界市民的生き方**」かのどちらかです。そんな中現れた2つの思想を見ていきましょう。

エピクロス派は「**快楽主義**」といわれます。ただしこの快楽は肉欲や物欲ではなく「心の平穏［＝**平静心（アタラクシア）**］」のことです。

当然それは、侵略者マケドニア人と共にいたのでは得られません。だから彼らは、アテネ郊外に「エピクロスの園」を作り、そこで侵略者マケドニア人から「**隠れて生きる**」ことを選択しました。

ストア派は「**禁欲主義**」といわれます。まず彼らの思想のベースには、ギリシャの伝統的な世界観があります。それは「自然は宇宙理性（ロゴス）の法則に支配された秩序ある世界であり、**ロゴスの種子が我々に宿って人間理性となる**」というものです。

ということは、ギリシャ人もマケドニア人も、共にロゴスの種子を分有する兄弟同士になりますから、同じ世界帝国の一員として、みんな仲よく「**世界市民として生きる**」べきだと説きました。

そしてマケドニア人が兄弟なら、人間にロゴスを分けてくれた自然は「親」にあたります。だから人間は、自然秩序に従って「**ロゴスと一致して生きる**」必要があり、そのためには、ロゴス（理性）の敵対物であるパトス［＝情念（激しい感情）］に揺れない「**不動心（＝アパティア）**」を持って生きることが求められます。この「**情念に揺れない生き方**」が、彼らが禁欲主義といわれる所以です。

快楽主義と禁欲主義、一見対極的に見える両者は、結局「心の安らぎ」という同じものを求めていたのですね。

COLUMN

「自由の国・ギリシャ」

　皆さんは「自由の国」と聞くとアメリカを連想するでしょうが、実は古代ギリシャの方が、圧倒的に自由でした。ここでは彼らがいかに無茶苦茶だったか、その一部をご紹介しましょう。

　ピュタゴラスは、数学を魂の救済手段とする宗教結社「ピュタゴラス教団」を設立しましたが、信徒が発見した無理数を「秩序・調和を乱す敵」ととらえ、発見者を殺害しました。

　ヘラクレイトスは、人嫌いが高じて山にこもり、おかしなものを食べて体中に水ぶくれを作り、乾燥させようと全身に牛糞を塗りたくって天日干しした結果、干乾びて亡くなりました。

　デモクリトスは、100歳になる少し前に、「欲情は思索のジャマだ」と叫んで自らの目を潰し、盲目になりました。

　プラトンは、著作の中で少年愛を公言し、永続性のない肉体を求める異性愛よりも、永続性のある魂を求める同性への愛（プラトニック・ラブ）のすばらしさを熱弁しています。ちなみに彼はレスラーとしても有名で、全裸で行う古代レスリングでは超強豪だったようです。

　ディオゲネスは、幸福とは、自然な欲求を満足させる程度でちょうどいいと考え、樽に住み、ほぼ服を着ず、体を洗わず、残飯を食べて暮らし、最期は自ら息を止めて亡くなりました。

　いかがですか？　完全に常軌を逸していますね。私などは目から入る活字が脳内でうまく処理できず、心がざわざわします。古代ギリシャの偉人たちは、ここまでダイナミックに自由（？）を謳歌していたのです。こんなクレイジーな人たちの口から「秩序・調和こそが善」だなんて、冗談きついです。

　私には、25世紀後のギリシャが「ＥＵのお荷物」などと陰口を叩かれているのは、ご先祖様たちに原因があるとしか思えません。

　少なくとも私は、100歳にして性欲を目潰しで抑えた牛糞まみれの裸レスラーから「ちゃんと生きよう」などと言われたくありません。

PART 2

世界に芽吹いた宗教と思想

ここで哲学から宗教の始まりに目を転じます。
世界三大宗教といえば、キリスト教・イスラム教・仏教です。
ここではキリスト教を軸に儒教思想なども加えて見ていきましょう。
宗教理解は、他国の「人の考え方」や
「社会のあり方」を知る上で、とても大切です。

キリスト教の母体となる ユダヤ教

▷ 神への絶対服従を誓うかわりに
イスラエル民族だけを救済する

唯一神とユダヤ人との契約

モーセの十戒
＝ユダヤ教の典型的律法

01. 私以外の神を持つな
02. 偶像を崇拝するな
03. 神の名をみだりに唱えるな
04. 安息日を守れ
05. 父母を敬え
06. 人を殺すな
07. 姦淫をするな
08. 人のものを盗むな
09. 隣人について嘘をつくな
10. 隣人のものを欲しがるな

唯一神
ヤーウェ

ズシーン…

絶対服従

契約

イスラエル民族
だけを救済

契約と律法が最大の特徴

ユダヤ教は、**キリスト教の母体**となった**宗教**です。

聖典は『旧約聖書』で、その内容はユダヤ人と神との契約、より正確には「迫害を受け続けてきたイスラエル民族（ユダヤ人）と、唯一神ヤーウェ（ヤハウェ、エホバとも）との〝契約〟」です。

ユダヤ教は「**契約と律法**」という言葉がわかれば理解できます。

まず契約とは「神と人間が交わした約束」のことで、ユダヤ教では「ユダヤ人が神への絶対服従を誓うかわりに、神はイスラエル民族のみを救済する」という契約が交わされています。

そして律法とは、その「**服従の具体的内容**」です。『旧約聖書』の最初の五書（創世記や出エジプト記など）がそれで、最も有名なのが、出エジプト記に出てくる**モーセ**の「**十戒**」です。

十戒は、エジプトで奴隷にされたユダヤ人たちが脱出する際、ユダヤ人の指導者モーセが神から授かった10の掟で、「偶像崇拝をするな、安息日を守れ、盗むな、人を殺すな」など、平凡な宗教・道徳規範です。ただしユダヤ人にとっては「**絶対服従の掟**」。

そのため、すごいことになっています。例えば安息日などは、6日かけて天地創造をやり遂げた神が7日目に初めて休息をとった話にあやかって「週の7日目を休日にする」というだけの話ですが、出エジプト記には何と「**安息日に仕事をする者は必ず死刑にされる**」とあります。今はずいぶん緩和されましたが、それでも今日のイスラエルでも、安息日の労働は法律違反、罰金刑となります。

これだけ厳しい契約だけに、ユダヤ人は「見返り」の方も強く信じています。つまり「厳しい律法を遵守するからこそ、神は最後にユダヤ人〝だけ〟を助けてくれる」という信念です。これがユダヤ人の「**選民意識**」（「我々だけが神から選ばれし民」という意識）です。

そして面白いことに、この少々偏狭ともいえるユダヤ教が母胎となって、キリスト教という「**世界宗教**」が生まれることになります。

世界宗教
キリスト教の誕生

▷ ユダヤ教の律法を外面的なものから
内面的なものに解釈変更した

アガペーはすべての人に注がれる

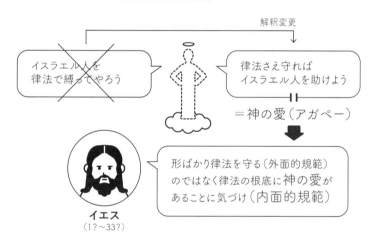

解釈変更

イスラエル人を
律法で縛ってやろう

律法さえ守れば
イスラエル人を助けよう

＝神の愛（アガペー）

形ばかり律法を守る（外面的規範）
のではなく律法の根底に神の愛が
あることに気づけ（内面的規範）

イエス
（1?〜33?）

神の愛はすべての人に平等だ

…

一民族の神から
全人類の神へ

『新約聖書』の何が「新約」なのか?

キリスト教は『新約聖書』を聖典とする宗教です。

新約聖書には4つの「福音書」があり、そこに**イエス**の教えや生涯、奇跡などが書かれています。なお新約とは「イエスを通じてなされた、神との〝新しい契約〟」という意味ですが、どこが新しいのでしょう。

それはイエスが「**律法解釈を変えた**」点です。

ユダヤ教では律法を「外面的な規範」ととらえました。つまり生活をがんじがらめに縛る掟という解釈です。しかしイエスは、律法を授けた神の真意、つまり「**内面性**」に着目しました。そうとらえると、律法とは神が我らを救うために授けた試練ですから、律法の根底には神が我らを救いたいという「**愛**」があることに気づきます。

ならば真の律法成就とは、ただやみくもに掟に従うことではなく、そこに込められた神の愛を信じ、それを我らも実践すること(=**律法の内面化**)ということになります。こうしてキリスト教では、ユダヤ教では重視されなかった「愛」が核心に据えられたのです。

では神の愛とは、一体どういうものでしょう。

神の愛は「**アガペー**」と呼ばれます。アガペーは神が創造せしものすべてに注がれる愛ですから「**無差別・平等・無償の愛**」となります。

すべてということは、その愛は迫害者ローマ人にも注がれねばなりません。だからイエスが山の上で群衆に語った「**山上の垂訓**」には「**汝の敵を愛せよ**」「**敵を愛し、迫害する者のために祈れ**」等の言葉が出てくるのです。これはユダヤ人からしたら、到底受け入れられません。

しかし真の律法成就が「神の愛の実践」だとするならば、こんな愛を示す「**神を愛せよ**」と、敵をも含めた「**隣人を愛せよ**」は実践しないといけません。これらを「**二つの戒め**」といいます。

このような「イエスの教え」に、**十二使徒**(12人の弟子)による伝道で「**救世主信仰**」(イエスは十字架に磔にされた3日後に復活し、我らの救世主になった)が加わり、キリスト教は誕生しました。

2人の弟子による
キリスト教の拡大発展

> 国教化によってキリスト教の
> 理論構築が急速に進む

2人が唱えた説と理論

● パウロの信仰義認説

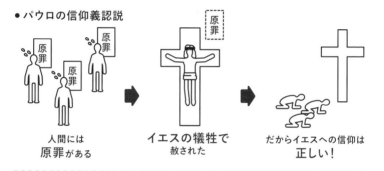

人間には
原罪がある

イエスの犠牲で
赦された

だからイエスへの信仰は
正しい!

● アウグスティヌスの三位一体説

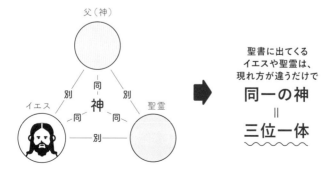

父（神）

別　同一　別

イエス　神　聖霊
同一　　同一

別

聖書に出てくる
**イエスや聖霊は、
現れ方が違うだけで**
同一の神
＝
三位一体

教義の深化と進化

　ここではキリスト教の拡大と発展を見ていきますが、その立役者といえば**パウロ**です。パウロは十二使徒とは別の弟子ですが、彼のおかげでキリスト教は世界的に拡大し、教義は深まりました。

　まず、パウロといえば「**異邦人伝道**」。つまりパウロは伝道対象をユダヤ人以外にまで広げ、最終的には宿敵ローマ人にまで伝道を行ったのです。彼がいなければ、世界宗教化はあり得ませんでした。

　もう1つ、パウロといえば「**信仰義認説**」です。これは神への信仰によって救われるという説で、以下のような考え方に基づきます。
「人間には、アダムとイヴの楽園追放以来の**原罪**（＝**生まれながらの罪**）がある。本来なら罪深い我らが滅ぼされるべきなのに、神は愛し子イエスを犠牲にすることで、我らを救してくれた。ならば我らは、イエスの死に込められた神の人類への愛を信じよう。そうすることで、神は我らを義（正しい）と認めてくださるはずだ」

　こうしたパウロの努力によって、キリスト教はついにローマから**国教（国家が保護する宗教）**として**認められた**のです。

　キリスト教が国教化した以上、理論構築は欠かせません。

　そこで活躍したのが**アウグスティヌス**です。彼は原始キリスト教最大の**教父**（理論的指導者）で、異教徒から異端視されないための理論武装に努めました。例えば「神は1人なのに、なぜ聖書ではイエスや聖霊も神性を持つものとして出てくるのか？」には「現れ方は違えども、彼らはすべて唯一神ヤーウェだ」（＝**三位一体説**）や、「原罪のある罪深き人間を、なぜ神はお救いになるのだ？」には「それは人間への愛に基づく恩寵の表れだ」（＝**恩寵説**）などがそれです。

　さらに国教化により、学問体系とキリスト教の融合も進みました。**スコラ哲学**です。トマス・アキナスが大成させたスコラ哲学では、信仰と理性の統合がめざされました。ただし「**哲学は神学の婢**」という言葉が示すように、両者の力関係はあくまでキリスト教が上でした。

世界三大宗教の一角
イスラム教の教義

 商人だったムハンマドが
神の啓示を受け開く

イスラム教の特徴

● アッラーは唯一神で、ムハンマドは最優の預言者

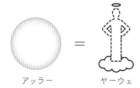

アッラー　　　ヤーウェ

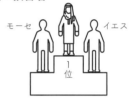

モーセ　　イエス

1位

● 聖典『クルアーン』があらゆる規範となる

生活

Koran

VOTE

政治

● 特に大事なのが六信・五行

六信（信仰対象）
神／預言者／天使
来世／啓典／天命

五行（義務）
信仰告白／喜捨（救貧税）
礼拝／断食／巡礼

開祖ムハンマドは3番目の預言者

イスラム教は、キリスト教・仏教と並ぶ**世界三大宗教**の1つです。

開祖ムハンマドは元商人で、商売で異国を訪れ、ユダヤ教・キリスト教に触れる機会の多い人でした。しかし彼は、息子の死や商いのトラブルが重なった頃から、洞窟にこもりがちになります。

そして40歳の時、突然神の啓示を受け、イスラム教を開いたのです。

イスラム教では、神アッラーは唯一神で、ムハンマドは「**預言者**」、つまり神の子ではなく、神の言葉を預かる「人間」になります。

しかも興味深いことに、聖典『**クルアーン**』での扱いは「(モーセ、イエスの後に現れた)**最後の最も優れた預言者**」となっています。

なぜイスラム教の聖典に、ユダヤ教・キリスト教のことが出てくるのでしょう？ 実はイスラム教は、自らを2宗教に続く「3人兄弟の末弟」的に位置づけています。そのためイスラム教には、ユダヤ教・キリスト教との類似点が数多くあります。

例えば歴史の時間軸はすべて「天地創造→最後の審判」で、ムハンマドに神の啓示を伝えたのもキリスト教の大天使ガブリエルです。

そもそも神も「ヤーウェ＝アッラー」ですし、同じ神の言葉に仕えるからこそ3宗教は平等という立場を取ります。なお「最後の審判」と書きましたが、イスラム教では「**五行**」(5つの義務)と「**六信**」(6つの信仰対象)に忠実だった者が、最後の審判の後、天国に行けます。

イスラム教は、多数派が**スンナ派**(イスラムの「教え」重視)、少数派が**シーア派**(「血統」重視)ですが、どちらも宗派や国が違っても、全**ムスリム**(イスラム教徒)を同じ「**ウンマ(イスラムの共同体)**」の一員としてとらえます。なおウンマでは、ムハンマドの言行(スンナ)や『クルアーン』から形成された「**シャリーア(イスラム法)**」が、まるで「全イスラム教国の憲法」のように国を問わず機能しています。

また「ジハード」ですが、本来は「奮闘・努力」の意味ですが、外なる不正義と戦うというニュアンスでとらえると「**聖戦**」となります。

古代インド思想 バラモン教から仏陀へ

 輪廻転生の概念と身分制度が 強固に結びついていた

バラモン教の思想

● カースト制（身分制）

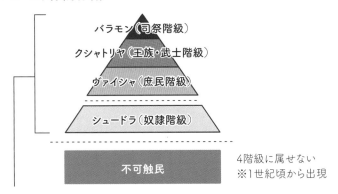

バラモン（司祭階級）

クシャトリヤ（王族・武士階級）

ヴァイシャ（庶民階級）

シュードラ（奴隷階級）

不可触民　4階級に属せない ※1世紀頃から出現

➡ 身分は前世の行いの因果応報だと考えられていた

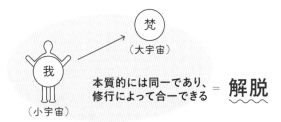

梵 （大宇宙）

我 （小宇宙）

本質的には同一であり、 修行によって合一できる ＝ 解脱

カースト制度とバラモン教

古代インドといえば仏教ですが、その前にまず現在のインドの中心宗教である**ヒンドゥー教の母胎・バラモン教**を見ておきましょう。

バラモン教は、**カースト制度を基盤とする信仰**です。聖典『ヴェーダ』の奥義書ウパニシャッドによると、その中心的な内容は「**輪廻の苦しみ**」とそこからの「**解脱方法**」です。

まず輪廻転生ですが、バラモン教では輪廻を「苦しみ」ととらえます。なぜなら輪廻は**カースト**と結びつき、現世の行為で来世のカーストやどんな生物になるかが決まってしまうからです。その連鎖が無限に続くとしたら、確かにこれは苦しみです。

そしてそこからの解脱方法ですが、ここでキーになるのが「**梵我一如**」です。**梵**（ブラフマン）とは宇宙全体の本質のことで、**我**（アートマン）は一人ひとりが持つ個体の本質、つまり私たちが輪廻で来世に持ち越す部分です。この２つはともに「永遠不変の本質」であり、現れ方が全体と部分の関係になっているにすぎませんから、「本質的に梵と我は同一」であるといえます（＝**梵我一如**）。

ならば私たちのやるべきことは、修行で自己の本質を磨き、それを宇宙の本質と合一させることです。それができれば、私たちはブラフマンの境地に至り、輪廻の苦しみから解脱できるでしょう。

このような教えで古代インドの中心的宗教となったバラモン教ですが、その後様々な理由から衰退し、バラモン教に疑問を持つ人たちも出てきます。そんな中、現れたのが**仏陀**です。

釈迦族の王子であった仏陀（ゴーダマ・シッダルタ）は、享楽的生活に虚しさを覚え、29歳で出家します。最初バラモン教の修行をしますが、その教えに満足できず、その後は自由思想家の下で修行します。

しかしそこでも、心の満足は得られませんでした。彼はその後菩提樹の下で瞑想し、ついに35歳で悟りを開き、**仏陀（＝真理に目覚めた人）**となったのです。

仏陀が達した境地
仏教の始まり

▷ 真実から遠ざける煩悩を消し、
慈悲の心を獲得して悟りに至る

仏陀が示した真理とその先

① 一切皆苦 … 人生のすべては苦である
（いっさいかいく）

 なぜ?

② 諸行無常 … 万物は変化し、消えるから
（しょぎょうむじょう）

③ 諸法無我 … 不変の実体を持つものはいないから
（しょほうむが）

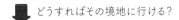 どうすればその境地に行ける?

八正道（正見、正思、正語、正業、
正命、正精進、正念、正定）に励め

仏陀
（?～?）

縁起を知り、慈悲につながる

④ 涅槃寂静 … 煩悩が消え、心の安らぎが実現する
（ねはんじゃくじょう）

八苦を消すための八正道

仏陀の悟りの内容は、以下のようなものです。

まず人生には**生・老・病・死という4つの苦しみ**（四苦）がありますが、中でも特に重要なのが「生きる苦しみ」です。なぜなら生は事物への執着心（煩悩）を生み、煩悩は私たちをこの世の真実から遠ざける（無明にする）からです。

ここで見るべき真実とは、この世に永遠のものなどない（万物は無常・無我）ということですが、これが見えないせいで私たちはくだらない執着に走り、さらなる苦（愛別離苦・怨憎会苦・求不得苦・五蘊盛苦の4つ。先述の四苦と合わせて「八苦」）を生むのです。

なので、苦を消すにはまず煩悩を消さねばならないのです。

だから仏陀は、煩悩を消すため、私たちに4つの真理（四法印）を見つめるよう説きました。それは以下のような真理です。

「**一切皆苦**（人生のすべては思うままにならない）→**諸行無常**（それは万物がたえず変化し生滅するからだ）→**諸法無我**〔そして永遠不変の実体（我）を持つものもないからだ〕→**涅槃寂静**〈それらを悟れば煩悩は消え、心の安らぎ〔**涅槃**（ニルヴァーナ）〕が実現する〉」

そしてこの四法印を実現するため、弟子たちには「**中道**（極端を避ける態度）」に基づく正しい修行（**八正道**）に励むよう説きました。

修行で煩悩を滅すれば、私たちの心には「**慈悲**」が生まれます。

慈悲とは一切衆生をいとおしむ愛で、与楽（他者に楽しみを与える）と抜苦（他者の苦しみを除く）という**利他**の心に基づく愛です。

なぜ他者のための行いかというと、この世が縁起（相互依存）で成り立つ以上、他者への慈悲はすべて自分に返ってくるからです。

人を生かしつつ、自分も人に生かされている——これを悟れば心の安らぎは実現するのです。

そして仏陀の死後、仏教は**大乗仏教**（一切衆生の救済をめざす）と**小乗仏教**（自己の完成をめざす）に分裂していきます。

儒教の歴史と孔子の思想

> 戦国時代にあって仁と礼を説き、
> 社会規範と人間愛を広めようとした

易姓革命と仁・礼

ついにわしの世が…

天

徳治よろしく

天命

交代だ！

天

天命に背くと…

剥奪

天命

易姓革命

― 天下 ―

孔子
（BC551〜BC479?）

仁と礼によって徳治政治を復活させる！

仁　社会規範　礼　仁

孝（親子愛）
悌（兄弟愛）
忠（まごころ）
恕（思いやり）

🧠 宗教というよりは道徳

古代の中国思想といえば、まず思い浮かぶのが儒教です。

儒教は中国・朝鮮半島・日本など、東アジア文化圏の根幹をなす思想ですが、あり方としては宗教というより「**道徳**」であり、その内容も魂の救済や来世ではなく「**現世での生き方**」です。

そして、その儒教の中心にくるものが「**天**」です。

天とは「儒教の神さま」とでもいうべき超越的存在で、世の秩序の源泉にして監視役です。例えば日本語表現にも「天罰・天才・天命」などがありますが、すべて儒教由来です。儒教文化圏では、人々は天に従うことで道徳的になり、為政者は決して天上人にはなれず「**天下**」しか治められません。

当然為政者には天道に則った道徳的な政治（**徳治政治**）が求められ、それを行う道徳的な為政者を「**君子**」、国王の場合は「**天子**」といいます。もし天道に逆らう不道徳な為政者がいた場合は「**天の命が革（あらた）まって国王の姓が易（か）わる（易姓革命）**」ことになります。

中国では周王朝時代（紀元前1200年頃）、武王の弟・周公旦（しゅうこうたん）が、この「君子による徳治政治」を実現させました。そしてそれを約700年後の戦国時代に復活させようとしたのが**孔子**です。孔子は戦国時代の中国で、為政者の策士たらんとした思想家たち（**諸子百家**）の1人です。彼がめざしたのは「**周時代の社会秩序の復活**」。そのため孔子は、2つのものに基づく社会作りを訴えました。「**仁と礼**」です。

仁とは「**人間愛**」です。ただしその根本は「**孝（こう）（親子愛）・悌（てい）（兄弟愛）・忠（ちゅう）（まごころ）・恕（じょ）（思いやり）**」。親子・兄弟の共通点が「家族・上下関係」と考えると、仁の正しい解釈は「**上下の序列をわきまえた、家族への親愛を中心とする人間愛**」です。そして、その仁が外面に現れて形成された**社会規範**が「**礼**」です。つまり孔子は、仁に基づき礼の実現した社会を、戦国時代に求めたのです。

残念ながら孔子の思想は、戦乱の世の為政者からは受け入れられませんでしたが、そこからは多くの後継者が育つことになります。

儒教の分裂
仁の孟子と礼の荀子

▷ 性善説をとった孟子ではなく、
性悪説の荀子が為政者に採用された

それぞれのアプローチ

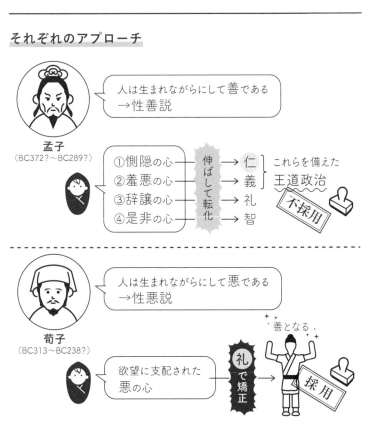

孟子
（BC372?～BC289?）

人は生まれながらにして善である
→性善説

①惻隠の心
②羞悪の心　　伸ばして転化　→　仁　義
③辞譲の心　　→　礼
④是非の心　　→　智

これらを備えた
王道政治

不採用

荀子
（BC313～BC238?）

人は生まれながらにして悪である
→性悪説

欲望に支配された
悪の心

礼で矯正

善となる

採用

為政者に都合がよかった性悪説

孔子の死後、儒教は大きく分けて2つに分裂します。仁（**人間愛**）重視の孟子と礼（**社会規範**）重視の荀子です。

仁を重視する孟子は「**性善説**」を説きました。彼によると、まず人間には「**四端の心**」[惻隠の心（人の不幸を見過ごせない）・**羞悪の心**（自他の不善を恥じ憎む）・**辞譲の心**（へりくだって他者に譲る）・**是非の心**（善悪を正しく判断）]という、生まれながらの4つの善い心があり、それらを「**浩然の気**（内部からわき上がる道徳的エネルギー）」で育成・拡大させると、「**四徳**」[仁（同情心）・義（正義感）・礼（社会的節度）・智（道徳的分別）]に転化できます。

そして為政者は、その四徳のうち「仁義」の徳を備え、武力ではなく有徳な政治で民の心をつかみます。これが孟子の理想とする「**王道政治**」です。一方で孟子は、武力で民を従わせようとする政治を「**覇道政治**」と呼び、覇道に陥った為政者は、いずれ天命が革まって滅びることになる（易姓革命）と批判しています。

これが孟子の思想ですが、残念ながら孔子同様、為政者からの採用はありませんでした。

一方、礼を重視した荀子は「**性悪説**」を説きました。つまり彼は、人間の本性は欲望に支配されていると考えたのです。しかしそんな欲望まみれの人間にも、善行をなさしめることができます。

どうすればいいのかというと、「**礼で教育・矯正**」すればいいのです。

ちなみに、荀子の有名な言葉に「**人の性は悪なり。その善なる者は偽なり**」というのがありますが、ここでの偽は偽りではなく「人為的な」という意味です。つまりこの言葉は「人間の本性は欲望に支配されている。それが善である者は、人為的に教育・矯正されているのだ」という意味なのです。

このように、荀子の思想は人の善意を信頼しない殺伐としたものでしたが、戦国の為政者にはなじみやすい思想でした。こうして皮肉なことに、**荀子は儒家としては初めて為政者から採用された**のです。

12世紀の新儒教 朱子学と陽明学

> 人の本性はすべて善なのか？
> 善悪含めての心が本質なのか？

人の本質をめぐる問い

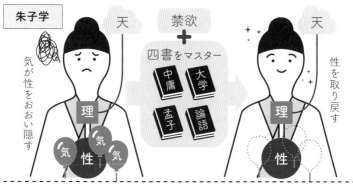

朱子学

天

禁欲 ＋ 四書をマスター
中庸 大学 孟子 論語

気が性をおおい隠す

理 気 性 気 気

天

性を取り戻す

理 性

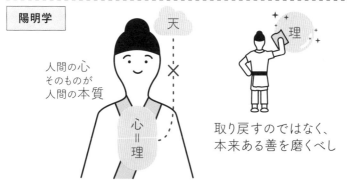

陽明学

天

人間の心そのものが人間の本質

心＝理

理

取り戻すのではなく、本来ある善を磨くべし

善性は取り戻すものか?

朱子学と**陽明学**は、12世紀に誕生した「**新儒教**」です。

朱熹が創始した朱子学の基本は「**理気二元論**」です。理は事物の本性・本質、気は事物の素材ですが、ここに道徳が入ってきます。

まず理は、天から授かりしものだから、善性だけでできています。

ちなみに人間の本性・本質は「**本然の性**」といい、これも本来ならば善100%でできています。ところが現実の人間性には、欲望や激情など悪い部分も混じっています。これは「気の質」のせいです。

気は素材、つまり私たちにとっては肉体ですが、肉体は人により大きさ・形・清濁など、様々な歪みがあります。

そして、理の器にあたるこの**気の歪みのせいで本来の善性も歪んでしまい、本来なかったはずの悪い性質が生まれてしまう**のです。「気の質によって歪められた現実の人間性」を「**気質の性**」といいます。

朱子学とは、この歪んでしまった現実の人間性を、本来の善性に戻す学問なのですが、具体的にはどうすればいいのでしょう?

それは「**居敬窮理**」に励むことです。居敬とは「欲望の制御」で、窮理は理を窮めるための「学問探究」です。つまり、日々を禁欲的態度で過ごしつつ、『四書』(大学・中庸・論語・孟子の4冊)を読み、本来の善性を探ります。これで理への知に至る(**格物致知**)ことができれば、私たちは本来の善性を取り戻すことができるのです。

一方、**王陽明**の陽明学は、**朱子学への批判**から生まれました。

朱子学では理の中身を本然・気質の2つに分けましたが、実際には善100%の人などいません。つまり「**善悪含めた人間の心そのものが人間の本質(心即理)**」ということになります。

だから、できもしない善性に立ち返るよりも、善の部分(**良知**)だけを磨いて実践すること(**致良知**)こそが大切だと説いたのです。

どちらも戦国時代の思想でなくなった分、より「純粋な道徳学問」の色彩が強くなっているのが特徴です。

儒家と正反対の道
老荘思想

▷ 仁や礼を不自然なものとし
道に従って逆らわない生き方を説いた

老荘それぞれの考え

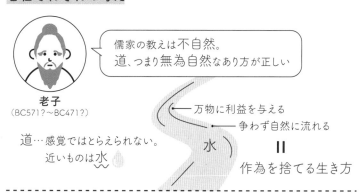

老子
（BC571?～BC471?）

儒家の教えは不自然。
道、つまり無為自然なあり方が正しい

万物に利益を与える
争わず自然に流れる

道…感覚ではとらえられない。
近いものは水

水

＝

作為を捨てる生き方

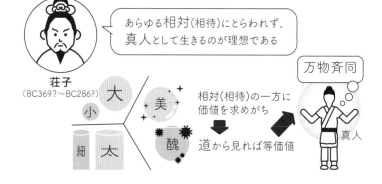

荘子
（BC369?～BC286?）

あらゆる相対（相待）にとらわれず、
真人として生きるのが理想である

万物斉同

大
小
美
細 太
醜

相対（相待）の一方に
価値を求めがち

道から見れば等価値

真人

大道廃れて仁義あり

道家は儒家とは違う思想家グループで、儒家に対し批判的です。

始祖・老子の説く「**道**」とは「**万物を生み成長させる、大いなる自然の根源**」のことで、人格を持たない神のような要素です。道の優れたあり方は水に似ていて（**上善は水の如し**）、万物に利益を与えつつ、争わず自然に従って流れます。老子は、道に従った作為のない自然なあり方（**無為自然**）こそが、万物にとっての理想と考えます。

ところが人間社会は人為・作為が充満し、道に反した不自然な発展を遂げています。その最たるものが儒家の「道徳」です。

道に従った自然な世なら、小賢しい仁も義もいらないはず。だから老子は「**大道廃れて仁義あり**」という言葉で、儒教を批判したのです。

では老子は、どんな世を理想としたのでしょう？

答えは「**小国寡民**」、つまり「**小さくて人口の少ない国家**」です。

少々意外ですが、柔弱で争いを好まない道のあり方に合っている上、戦乱で疲れた人々の心に染みる穏やかな国家ですね。

荘子も道家ですが、この人は老子よりも道の思想を先鋭化させています。つまり「**道に従った生き方＝大自然の中で仙人のように生きる生き方**」というイメージです。

荘子を理解するには、まず「**相待的世界観**」を理解する必要があります。相待とは大小・善悪・是非・美醜など「**互いに相手を待ち合う関係**」、言い換えれば「**両方揃って、初めて意味を成し得る関係**」のことです。世の中には様々な相待がありますが、人間は「善はいい。美は素敵だ」と、相待の一方にばかり価値を見出しすぎです。

でも相待は、価値の上下を表すものではありません。そんなの、人間だけのつまらないこだわり、道から見れば等価値（**万物斉同**）です。

だから私たちも、相待へのこだわりに満ちた人間社会のしがらみなど捨てて、道と一体化して自然に生きるのが理想なのです。

それができる理想的な人を、荘子は「**真人**」と呼んだのです。

COLUMN

「贖罪とアガペー」

　私は運転が苦手です。苦手というか意志が弱く、初めて通る道路に緊張したり、カーナビの指示を見逃して途方に暮れたり、停車場所に躊躇して路肩に停められないことなどがよくあります。

　そんな私ですから、妻を乗せて知らない道を走る時は緊張します。彼女は私のような運転弱者に対し、イライラを隠さないのです。彼女を隣に乗せると、私はいつも教習所時代の鬼教官を思い出します。

　そんな私に、試練が訪れました。妻を乗せて、鎌倉から上野まで行くことになったのです。ただ、行程はほぼ高速道路で、合流や出口さえ間違えなければ、ほぼ楽勝のルートでした。

　……私は間違えました。テンパった私は、ナビの制止を振り切って間違った出口に突進し、変な場所で下道に降りてしまいました。そして呆然としているうちに右折や左折のタイミングも逃し、気がついたら日本橋周辺の、江戸情緒あふれる小粋な路地を走っていたのです。

「おお神よ！」──しかしここは、悔やむよりも贖罪です。

　贖罪とはイエスのように、犠牲や代償を払ってでも罪を償うことですから、この場合は何としてでも目的地に到着しないと。

　しかし東京の下道は、ドライバーにとって恐怖の〝超歩行者優先〟。

　彼らは道幅いっぱいに広がり、車が近づいても全然どいてくれません。クラクションなど鳴らそうものなら、Twitterにさらされて公開処刑です。

　しかしここで、奇跡が起きました。妻に突如としてアガペー（神の愛）が宿ったのです。彼女はナビを見ながら、優しく道案内を始めました。

「この先３つめの交差点を右に」

「２つ先の信号で左折だから左車線に寄って」

　──たぶんもう怒るのがめんどくさくなったのでしょうが、私にとっては絶好のタイミングでのメシア降臨でした。

　神よ、感謝します。おかげで無事、目的地に到着できました。

PART 3

西洋近代思想の
成立と展開

ここからは、キリスト教がヨーロッパを席巻してからのお話です。
まずは、キリスト教的抑圧からの人間性の解放をめざした、ルネサンス。
「自由」が人間社会や考え方の発展にとって、
いかに大切かを教えてくれるでしょう。
これを切り口に西洋近代思想の成立と展開を学んでいきましょう。

カトリック教会との決別ルネサンス

> 教会権威の失墜、市民の台頭によって
> 自由意志を取り戻す機運が高まる

文明の発達がルネサンスをもたらす

中世…教会とスコラ哲学が社会を支配

三大発明などによる変化

火薬	羅針盤	活版印刷
騎士の価値低下	市民の商業発達	聖書の流通による僧侶の価値低下

教会の権威失墜　　市民の台頭

ギリシャ・ローマの文芸復興で人間性と個性を取り戻せ！
ルネサンス

　　などの万能人が人気に

ミケランジェロ　ダ・ヴィンチ

ギリシャ・ローマ時代の復興

ルネサンスは、14 〜 16世紀に欧州で起こった「**文芸復興**」と呼ばれる文化運動です。言葉の意味は「**再生・復活**」、復活させるのは古代ギリシャ・ローマ時代の文学や芸術、そして復活させる理由は「**人間性を回復し、自由意志を取り戻すため**」です。

それまでの欧州では、ローマカトリック教会が、社会全体を規制していました。各国の皇帝よりもローマ教皇の方が偉く、**学問・芸術・文学など、すべてにおいて教会的な価値観以外は認められません**。

社会には閉塞感が漂っていました。この時代、人間が神から独立した自由意志を持つことなど考えられず、恋愛や性など人間らしい喜びを表現することも、社会的に許されませんでした。

しかしその後、十字軍遠征の失敗や「**中世の三大発明［火薬・羅針盤・活版印刷（これで聖書が普及)]**」などにより、教会の権威が失墜してくると、今度は市民が台頭してきます。人々は教会に反抗し、自由意志の発露を求め始めます。しかし悲しいかな、何百年も自由意志を抑圧されてきた彼らには、自由意志の発揮方法がわかりません。

そこで過去に倣（なら）うため、**人間の自由意志のあった時代**にまで遡（さかのぼ）ってみると、それは「**まだキリスト教のなかった時代**」、すなわち**古代ギリシャ・ローマ時代**だったというわけです。つまりルネサンスは、古代ギリシャ・ローマ時代の文芸復興を通じて人々が人間性を回復し、自由意志の発露を学ぶ「心のリハビリの時期」だったのです。

というわけでこの時代は、文学・芸術・宗教・科学と、様々な分野で人間性の回復がめざされました。例えば、芸術の分野における人間性回復の動きは「**万能人への憧れ**」です。

万能人とは**ミケランジェロ**や**ダ・ヴィンチ**など、多くの分野で才能を発揮する「何でもできるタイプの人」です。教会的価値観では、何でもできる人は神か悪魔のニュアンスでとらえられましたが、この時代は「**神や悪魔に取って代わる人間**」に、人々は憧れたわけですね。

ルネサンス期の
ヒューマニズム

▷ 現代のヒューマニズムと違い、
教会的価値観への反発を指す

ヒューマニズム影響下の重要作品

ダンテ
(1265〜1321)

『神曲』

教会・皇帝への批判に加え
熱烈な恋愛詩でもあった。

ピコ・デラ・ミランドラ
(1463〜1494)

『人間の尊厳について』

人間は神から自由意志を与えられていて
意志しだいで神のようにも獣のようにも
なれると訴えた。

マキャベリ
(1469〜1527)

『君主論』

王に「目的のためには手段を選ぶな」と
説き、道徳や宗教から解放した。

多角的に教会からの解放を志向

　続いて、文学の分野における人間性回復の動きですが、これは「**ヒューマニズム（人文主義）**」と呼ばれます。これはガンジーなどに代表される「人類愛」に根ざした「**現代のヒューマニズム**」とは違います。人文主義の根底にあるものは「教会からの解放」です。

　ヒューマニストの作品には「**教会的価値観への反発／古代ギリシャ・ローマ時代の古典作品に精通／人間性や自由意志の発露**」などの特徴がありますが、ここではヒューマニストだけでなく、それ以外にも同じ傾向を持つ思想家についても触れていきましょう。

　ヒューマニストの先駆者といえば**ダンテ**です。彼の代表作『**神曲**』は、恋愛や人物批判を含むかなり自由な内容に加え、何とトスカーナ方言で書かれていました。当時、教会公認の公用語はラテン語でしたから、色んな意味で時代に逆らう作品の先駆けになりました。

　ピコ・デラ・ミランドラは『**人間の尊厳について**』で、人間は神から自由意志を与えられているため、それにより私たちは自分の意志で神のようにも獣のようにもなれると訴えました。

　エラスムスは『**愚神礼賛**』で、教会や教皇の腐敗や偽善を、痛烈に批判しました。また彼は、**ルター**との「**自由意志論争**」で、人間には神に接近したり離反したりする自由意志があると訴えています。

　最後に、ヒューマニスト以外についても見てみましょう。**マキャベリ**です。彼は政治思想家・外交官ですが、彼の著書『**君主論**』には、乱世を生きる君主に求められる資質が書かれています。

　もしも平和な時代なら、王に求められる資質は有徳さかもしれませんが、乱世においてはかえって有害、他国にだまされ国を亡（ほろ）ぼす元凶になりかねません。だから彼が乱世の王に求めたのが「**目的のためには手段を選ぶな**」です。つまり国を守るためなら、**権謀術数**（はかりごと）もあり。このような姿勢を「**マキャベリズム**」といいます。

　これもある意味、王が道徳や宗教から解放された姿でしょう。

宗教改革の先駆者 ルターの活動

> 教会の深刻な腐敗に怒り、
> キリスト教徒本来のあり方を説いた

ルターの意見書の中身

教会は贖宥状（免罪符）の乱発など腐敗をきわめた…

ルター
（1483〜1546）

金で罪を許すなんて本来の教えじゃない

95か条の論題

信仰義認説	聖書中心主義
→人は贖宥状ではなく、神への信仰で救われる	→信仰の中心は教会ではなく聖書
万人司祭主義	**職業召命観**
→信仰に媒介者（聖職者）は不要	→すべての仕事は神から与えられた使命（天職）

🧠 ルター以前、以後の運動

　前述のように、ルネサンス期、人々は文学や芸術を通じて社会の閉塞感を打破しようとし、一定の成果を得ました。しかし本当に人間性の回復を求めるなら、本丸である教会の改革は避けて通れません。

　というわけで、次は**宗教改革**について見ていきましょう。

　宗教改革とは、腐敗したカトリックの改革運動です。**カトリックは「普遍的」**、プロテスタントは**「抵抗者」**を意味しますから、宗教改革は「普遍的とされるものへの抵抗運動」で、かなりの困難が予想されます。実際、運動そのものはルターやカルヴァンより前の14～15世紀からありましたが、その成果はどれも惨憺たるものでした。

　例えば、教会批判と聖書の英訳を行ったウィクリフは「生涯迫害され、死後異端認定。その後墓から遺体を掘り返されて火刑」、教会の聖職売買を批判したフスは「破門後、異端認定され火刑」、フィレンツェで神権政治を行ったサヴォナローラは「破門後、火刑」……。

　彼らがしようとしたことは、後述する**ルター**やカルヴァンと同じです。ただまだ教会の支配力が強く、機が熟していませんでした。

　そしてそれらを経て、16世紀、ついにルターが登場します。ルターは教会の贖宥状（免罪符）販売に抗議して「95か条の論題」を発表し、そこに彼が考える「本来あるべきキリスト教の姿」を示しました。

　その内容は、パウロで有名な**「信仰義認説」**（人は贖宥状によってではなく、神への信仰によってのみ救われる）や**「聖書中心主義」**（中心に据えるべきは教会ではなく聖書）、**「万人司祭主義」**［神の前では万人が平等。信仰に媒介者（つまり聖職者）は不要］などでした。

　またルターは、世のすべての職業を神から与えられた使命（天職）と考え、勤勉に職務をまっとうすることが神の意思にかなう行為であり救いにつながるとする**「職業召命観」**を示しました。

　この改革を経て、カトリックはついにルーテル派（ルター派）、すなわち**プロテスタントの存在を正式に認める**ことになったのです。

カルヴァンの予定説に基づく宗教改革

> 画期的な職業召命観の解釈を
> ヨーロッパ全土に広めた

予定説と利潤の肯定

● 予定説

最後の審判の後、
どうなるかは
あらかじめ
決まっている!

変更は不可!

カルヴァン
（1509〜1564）

➡ 人間は神の栄光のために生きるのみ!

● 利潤の肯定

清貧こそ美徳なり

天職でガンガン稼ぎなさい

オォー!!

たくさん
貯めるぞー!

人気

従来のキリスト教

カルヴァン主義

🧠 地獄行きはあらかじめ決まっている？

ルターと並び、**カルヴァン**も宗教改革者です。彼はスイスのジュネーブで宗教改革を行い、同地で「**予定説**」に基づく非常に厳格で禁欲的な生活を、市民に要求しました。では予定説とは何でしょう？

カルヴァンの予定説は「**神は最後の審判の後、誰を天国に連れて行き、誰を地獄に落とすかまで、すべてあらかじめ決めている**」というものです。ちなみにこの予定は変更不可。つまり現世でどれだけ善行を積んでも、地獄行きが天国行きに変わったりはしません。それでもカルヴァンは、勤勉に禁欲的に働けといいます。

なぜならそれで「救いの確信」は深められるからです。

全然よい考えに見えませんが、実はこのカルヴァン主義、この後全欧に急速に拡大します。理由は「**利潤を肯定**」したからです。

カルヴァンもルター同様、全職業を「天職」、すなわち神を支えるために神から授かった使命と考えました。

そして、**その職業で利潤が出たなら、それは神の意図に見合った正しい労働ができている証拠**ととらえたのです。

ならば私たちは今後、しっかり働いてどんどん利潤を貯めていけばいいのです。なぜなら利潤が貯まれば貯まるほど、「**天職でこれだけ役立つ私のことを、神はきっと放っておかないだろう**」という具合に「救いの確信」が深まるからです。

というわけで、カルヴァン主義者は「贅沢のために稼ぐ」のではなく「**貯めるために稼ぎ**」ます。なぜなら貯めることで〝救いの確信〟は目に見える形で大きくなるし、贅沢をしないことで清貧な生活も貫ける（つまりキリスト教倫理にもかなう）からです。

この考えが受け入れられ、カルヴァン主義者は、イギリスでは**ピューリタン**、フランスでは**ユグノー**と呼ばれるほど、全欧に急速に広まります。ちなみに**カルヴァン主義者の利潤蓄積の精神が、最終的に欧州資本主義発展に貢献した**という考えを、マックス・ウェーバーは『プロテスタンティズムの倫理と資本主義の精神』で述べています。

神を中心とした
自然観との決別

▷ 神域への遠慮が外れあらゆる分野で
科学的探究が進む

科学によって破られたタブー

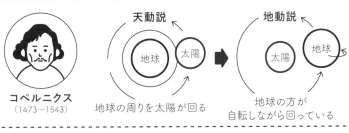

コペルニクス
(1473〜1543)

天動説

地球　太陽

地動説

太陽　地球

地球の周りを太陽が回る

地球の方が
自転しながら回っている

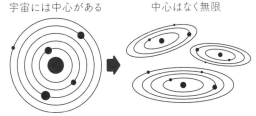

ブルーノ
(1548〜1600)

宇宙には中心がある

中心はなく無限

ニュートン
(1643?〜1727)

リンゴは地球に引かれて
落ちている

同様に月も引力が働くが
遠心力により落ちてこない

月

地球

機械論的自然観

　教会権威の失墜は、科学の世界にも大きな影響を与えました。従来まではスコラ哲学の考え方に基づき「自然は神が創りしもの。だから人間が探究していいのは、**自然の光**（＝理性）の届く**範囲**まで。それを超えた不可知の領域は神のためだけの領域だから、人間ごときは、恩寵の光（＝信仰）で受け入れよう」という姿勢でした。

　しかしこれは「**わからない所は深掘りせず、わからないままにしておくのが神の思し召し**」という意味に他ならず、科学は発展しません。

　しかしその後、キリスト教の権威が失墜したことで、人々はもう神に遠慮する必要性を感じなくなりました。

　そうすると、こういう考え方が生まれてきます。

「今までは〝万物は神の完全性に近づく目的で運動・変化する〟という自然観（＝**目的論的自然観**／P33）だったけど、自然は生命体でもなければ、何の目的も持たない。**事物の運動・変化する背後には、機械的な因果関係**（原因と結果の関係。例えば「風が吹いた」から「木が揺れた」など）があるにすぎないのでは」──この合理的な自然観が近代的自然観、いわゆる「**機械論的自然観**」です。

　さらにそこにルネサンスの「古代ギリシャ再評価」の流れで、科学における数学の重要性も評価されます。ガリレイは「**自然の書物は数学的記号で書かれている**」と言いましたが、これは科学の理系科目性を強調する言葉です。「何を当たり前のことを」と思ってはいけません。かつて科学は、理系科目ではなく「**神学の一部**」だったのです。

　こういう流れで、ここから科学は一気に発展していきます。

　コペルニクスは、従来の宇宙観だったプトレマイオスの天動説を排し、**地動説**を唱えました。また**ケプラー**は、惑星軌道は神が創った円形ではなく**楕円軌道**であることを証明しました。

　さらに**ブルーノ**は、宇宙は中心などない**無限空間**であると説き、**ニュートン**は物が下に落ちる原因は**万有引力**だと説いたのです。

自分の目で見て真理へ
ベーコンの経験論

> 実験・観察から真理に至り
> 自然の支配をめざす

経験論と帰納法

ベーコン
（1561〜1626）

正しい知識は実験・観察などの
経験から求める

経験論

手段　帰納法

リンゴには
ビタミンが含まれる

ミカンには
ビタミンが含まれる

レモンには
ビタミンが含まれる

いずれもフルーツ

フルーツにはビタミンが含まれる

経験論に基づく手法・帰納法

　自然界の運動・変化の背後には、神への憧れも神の意志も介在しない。そこにはただ、機械的な因果関係があるのみ——これが機械論的自然観と呼ばれる「近代的自然観」でした。

　ではその近代的自然観の「目的」とは何でしょう？——答えは「**人間による自然の利用・支配**」です。

　なぜならこれは、「自然の主人は神ではなくて人間だ」という人間中心の自然観ですから、ゴールは当然そこになります。

　暴走すると環境破壊につながりかねないのが気がかりですが、少なくとも「神のため」なんて本心とは思えない自然界の探究よりも、自分たちのための方が、科学の探究にも力が入りそうです。

　そこでこの時代、科学探究に２つの手法が出てきました。**経験論**と**合理論**です。経験論は「**自分の目で見る（＝実験・観察）**」重視で、合理論は「**自分の頭で考える（＝理性の働き）**」重視です。どちらもゴールは自然の利用・支配ですが、アプローチがかなり違います。

　経験論の祖は、**ベーコン**です。彼の言葉に「自然への服従」「**知は力なり**」などがありますが、それはこんな文脈から出た言葉です。「人間最高の目的は、自然の支配だ。だがそのためにはまず**自然への服従**、すなわち〝自然についての知識〟が必要となる。ならば実験・観察だ。この実験・観察という〝**新しい道具（ノヴム・オルガヌム）**〟で正しい知識を得れば、それが自然を利用・支配するための力となるはずだ」——彼はこう考え、実験・観察の重要性を訴えました。

　そんな経験論の真理探究方法が「**帰納法**」です。

　帰納法とは「**個々の事実の実験・観察から真理・法則を導く**」というやり方で、まさに経験論らしい真理探究方法といえます。

　ただしここまで実験・観察を重視する以上、「**偏見（イドラ）**」には注意する必要があります。ベーコンは人間の観察眼を曇らせる４種類の偏見を「**４つのイドラ**」（種族のイドラ・洞窟のイドラ・市場のイドラ・劇場のイドラ）と呼び、その排除を訴えました。

ベーコンに続く3人の イギリス経験論者

三者三様のアプローチで 経験論哲学を確立した

より踏み込んだ経験論

ロック
(1632〜1704)

人が生まれたときは
白紙のようなもの
＝
白紙説

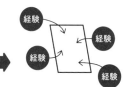

経験のみが
観念となる

バークリー
(1685〜1753)

世界に心のみ実在する

事物が存在するのは
知覚したときだけ

ヒューム
(1711〜1776)

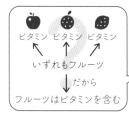

ビタミン　ビタミン　ビタミン
いずれもフルーツ
↓だから
フルーツはビタミンを含む

どこかには
ビタミンのないフルーツも
あるんじゃ？
＝
帰納法に疑問
懐疑論

すべてを人間経験の裏付けから判断する思想

経験論は別名「**イギリス経験論**」とも呼ばれます。

なぜならベーコンに続く有名な3人の経験論者（**ロック、バークリー、ヒューム**）が、すべてイギリス人だったからです。

ロックは、社会契約説でも有名ですが、経験論者としては「**白紙説**」を説いたことで有名です。白紙説とは「生まれたばかりの人間は、何も書かれていない白紙（タブラ・ラサ）のようなもの。よって、一切の知識は経験に由来する」というものです。つまり人間の**生得観念の否定**が、ロックの経験論というわけですね。

バークリーは「**存在することは知覚されること**」という言葉で有名です。彼にとっての知覚は「心による認識」という意味で、彼の考えだと、心で認識できるものは神や魂であっても存在し、できないものは物質であっても存在しません。つまり彼は、心でとらえられるものだけが、その人にとっての世界のすべてだと言っているのです。

ヒュームは、まず人間の心を「印象と観念（＝経験とその思い出し）」を束ねただけの「**知覚の束**」と呼んだことで有名です。

さらに彼は、経験論を徹底しすぎて**懐疑論**に陥ったことでも有名です。まず彼は、筋金入りの経験論者として、常に経験した事実しか信じないというスタンスを取りました。

ただそうすると、帰納法的なやり方に疑問が生じます。なぜなら帰納法は「実験・観察から法則性を求める」やり方ですが、**実験・観察を4～5回やった程度で安直に法則性を求めるなんて性急すぎる**からです。だってひょっとすると、6回目には違った結果が出るかもしれないのですから。

そう考えると、わずか数回観察できた程度の因果関係から法則性を求める姿勢は、ただ「**習慣からくる確信**」に飛びついているだけで、それを根拠に真理と断定するのは早計、ということになります。

ただその考えだと、何回実験や観察をやっても永久に真理は得られませんから、彼はしだいに**懐疑論**に陥ってしまったのです。

我思う、ゆえに我あり デカルトの合理論

> 自分の頭で考えることを重視し、
> ゆえに「考える自分」を発見する

方法的懐疑

経験論者3つの武器への疑い

①感覚：人は簡単に目の錯覚などにだまされる。
　　　　感覚は人を欺く ➡ **真理ではない**

②知識：学んだ時代では正解でも、1000年も経てば
　　　　誤りとして知られるようになる ➡ **真理ではない**

③経験：誰しもリアルな夢を見る。どんな経験も、
　　　　それが夢でない保証がどこにある？ ➡ **真理ではない**

しかし、これらを疑っている**精神**があることは**真理**
ならば、その精神の出所である**身体**があるのも**真理**

デカルト
（1596〜1650）

我思う、ゆえに我あり

経験論と対立した合理論

経験論が「自分の目で見る（＝実験・観察）」重視だったのに対し、合理論は「**自分の頭で考える**」、すなわち理性の働き重視です。

当時経験論と合理論は、思想的に対立していました。

合理論の祖といえば、**デカルト**です。優れた数学者でもあった彼は、**理性〔＝良識（ボン・サンス）〕**を「この世で最も公平に配分されている判断能力」ととらえ、教会に精神支配されていない自由で誇り高い精神（＝**高邁の精神**）でこの理性を正しく機能させれば、別に教会に導かれなくても、数学と同じように誰もが等しく正しい結論（真理）に導かれるはずだと考えました。

そんなデカルトが最初に取り組んだのが「**方法的懐疑**」です。

これは「あらゆる事物を疑った上で、疑い得ない真理を獲得する」という手法で、「疑う」という理性の働きを用いた、まさしくデカルトらしい真理探究方法です。

彼はこの手法で、まず対立する経験論者が重視する３つの武器（**感覚・経験・知識**）を徹底的に疑い、これらの中に**真理といえるものはない**ことを示しました。しかしデカルトは、同時に、以下のことにも気づいたのです。

「確かに経験論者の武器は、すべて疑い得る。しかし、疑うという私の〝思考の作用〟が今この場に存在することだけは疑い得ない。これだけは〝**明晰判明な真理**〟（直観的に疑う余地なき真理）だ。そして、思考の作用があるということは、思考の主体である自分の身体も今ここに存在するということになる」

「疑う」という思考の作用が今ここに存在する。よって、疑う主体である私の身体も今ここにある──有名な「**我思う、ゆえに我あり**」です。デカルトが最初に発見した真理は、まさにこれで、彼はこれを「**哲学の第一原理**」と名づけました。

思考の作用、すなわち「考える自分」の発見がデカルト哲学の出発点だなんて、まさに理性を重視する合理論の面目躍如ですね。

物心二元論と
パスカルの繊細の精神

▷ デカルトの幾何学的な思想に
パスカルは非論理性で反駁した

人間の理性をめぐる2つの精神

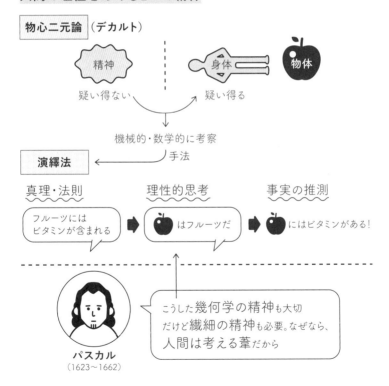

物心二元論 （デカルト）

精神

身体　物体

疑い得ない　　疑い得る

機械的・数学的に考察
手法

演繹法

真理・法則　　　理性的思考　　　事実の推測

フルーツには
ビタミンが含まれる　➡　🍎 はフルーツだ　➡　🍎 にはビタミンがある！

パスカル
（1623～1662）

こうした幾何学の精神も大切
だけど繊細の精神も必要。なぜなら、
人間は考える葦だから

🧠 デカルトの物心二元論と演繹法

　次にデカルトは、普通に考えれば不可分としか思えない精神と身体を「まったく別物」とする考え方（＝**物心二元論**）を示します。

　なぜ別物かというと、精神の本質は「思惟（考えること）」であるのに対し、身体の本質は「延長（空間的拡がり）」だからです。

　しかも両者の間には、優劣まであります。なぜなら、精神は思考の作用の源だから疑い得ないのに対し、身体は単なる感覚器官（例えば目の錯覚＝視覚という感覚に欺かれる）にすぎないため、疑い得るからです。つまり精神と身体の優劣は「**精神＞身体**」なのです。

　両者がまったく別物で、しかも精神の方が上ならば、正しい科学のあり方が決まります。それは「疑い得ない精神で、自分の身体をも含めたあらゆる物体を考察する」という姿勢です。そしてその科学的なものの見方の基本とすべきが「**演繹法**」。これは「**普遍的真理から、理性を使って個々の事実を推測していく**」という手法です。

　次に**パスカル**について見てみましょう。

　パスカルもデカルト同様、哲学者であると同時に、数学者としても有名です。彼は人間を、有限でちっぽけな「惨めさ」と同時に、その惨めさをちゃんと〝知っている〟という「偉大さ」も併せ持つ存在（＝**中間者**）ととらえました。

　この「知る」、すなわち考えることは、人間にしかできないことです。例えば宇宙は偉大な存在だけど、「自分は偉大だ」などと考えたりしません。そう考えると、思考にこそ人間の尊厳があるといえそうです。パスカルはこれを「**人間は考える葦である**」と表現しました。

　そしてパスカルは、そんな人間の必要とする精神として「**繊細の精神**」と「**幾何学の精神**」を挙げました。

　繊細の精神は哲学者としてのパスカルが必要とする「**しなやかで自由な直観的精神**」で、惨めさの直視や生き方の探究に使います。

　対して幾何学の精神は、数学者としてのパスカルに不可欠な「**機械的推理を行う論理的精神**」、こちらは科学や数学に必要なのです。

神の意志はどこに？
スピノザとライプニッツ

▷ 神を人格的存在ととらえず、
　神＝自然と考える汎神論

それぞれの精神へのアプローチ

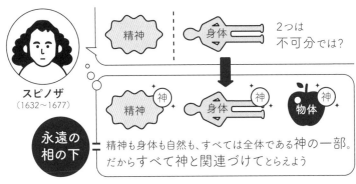

スピノザ
（1632〜1677）

2つは
不可分では？

**永遠の
相の下** ＝ 精神も身体も自然も、すべては全体である神の一部。
だからすべて神と関連づけてとらえよう

精神　身体　物体

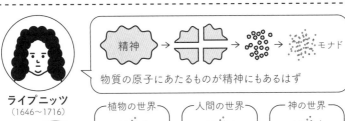

ライプニッツ
（1646〜1716）

精神 → → → モナド

物質の原子にあたるものが精神にもあるはず

植物の世界　人間の世界　神の世界

**予定
調和** ＝ モナドは神の調整で各世界を行き来し構成

🧠 神に酔える哲学者と数学者

オランダ出身の**スピノザ**は「**神に酔える哲学者**」と呼ばれる一方、無神論者として批判されました。真逆の評価の理由は、彼の信じる神がヤーウェのような人格神ではなく「**汎神論的な神**」だったせいです。

彼は著書『**エチカ**』で、15年もかけて汎神論的な「**神の存在を証明**」しています。

汎神論とは「神即自然」、つまり世界の外側に超越的な神がいるのではなく「**宇宙そのものが神**」という考え方です。

「神が宇宙の〝全体〟で、この世の事象はすべてその全体の中の〝部分〟」——そう考えると、デカルトの**物心二元論（精神と身体はまったく別物）**は誤りになります。なぜなら精神も身体も、どちらも唯一の実体である神から現れた2つの属性にすぎないからです。

さらに彼は、正しい科学のあり方も、汎神論的にとらえることを求めました。すなわち科学とは「この場合は神がこう現れた。この場合はこう」と、すべての事象を**神との必然的な関連**の下で（＝**永遠の相の下に**）とらえる必要があるとしたのです。

ドイツの**ライプニッツ**は、**微分積分法を発見した数学者**としても有名ですが、哲学者としては『**単子論**』で有名です。

単子（モナド）とは彼の考える「それ以上分割できない最小単位」のことで、一見原子（アトム）の説明に見えますが、大きく違う点があります。それはモナドが「**非物質的**」だという点です。つまりモナドは物質世界ではなく「**精神世界の構成要素**」なのです。

抽象的な話になりますが、ライプニッツによると、精神世界は精神性の弱い世界から強い世界へと、層になって積み重なっています。

モナドは各世界を構成していますが、精神性の強い世界に惹かれ、動いていく能動性があります。ということは、放っておくと、モナドはすべて上に集まり、下がスカスカになります。そうならないようにモナドの偏りを調整するのが神の意志です。この神の意志で精神世界に調和がもたらされているという考えを「**予定調和論**」といいます。

国家は自然権の庇護者 社会契約説

▷ 自然法だけでは守れない自然権を 保障するために国家があるという考え

自然権と社会契約説

正しい理性の命令（自然法）

人を殺すな　　ものを盗むな　　自由を奪うな etc.

自然権…自然法によって守られる権利

生命　　　　財産　　　　自由

しかし自然法しかない状態では過ちを防ぎ切れない

→強制力がないから

そこで…

国家という強制力のある社会集団を作って守る

社会契約説

国家は何のために生まれたのか?

ここでは「社会契約説」という社会理論について学びます。

これは「自然権を確保するために、人民相互の同意に基づき国家は誕生した」とする説です。つまり国家形成に関する理論であり、「国家は何のために生まれたのか?」という問いに対する答えなのです。

では、私たちが確保すべき「自然権」とは何でしょう?

それを知るためには、まず「自然法」を知らねばなりません。

自然法とは、文書化された法律などよりはるか昔から存在する、「人間として守るべき当然のルール」です。つまり「人を殺すな、人のものを盗むな、人の自由を奪うな」などの当たり前の社会常識が自然法であり、オランダの政治学者グロチウスに「正しい理性の命令」と言わしめた、国家や時代の枠を超えた普遍的なルールです。

そして、その自然法によって守られた権利のことを自然権といいます。つまり自然権とは、自然法の内容を自分の権利に置き換えて考えればいいわけですから、「自分の生命、自分の財産、自分の自由などを守る権利」ということになります。

万人が自然法さえ守れば、自然権は完璧に確保できる——これ、一見楽そうなのですが、残念ながらそう簡単ではありません。

なぜなら人間は過ちを犯しやすい存在で、たとえ自然法を守る気持ちがあっても、医療ミスや自動車事故など、つい誤って人を死なせてしまう、なんてことが起こります。つまり、自然権を確保するためには、自然法だけしかない状態（自然状態）では不十分なのです。

ならば、どうすればいいのでしょう？　答えは「国家を作る」です。

つまり国家という強制力のある社会集団を作っておけば、仮に過ちを犯した人間がでても、逮捕したり、裁いたり、身柄を拘束したりすることで、自然権を確保できるからです。

民主政治を作るのに、自然権の確保は不可欠です。だから社会契約説は生まれたのです。

それぞれの自然権解釈
3人の社会契約説論者

> 王権の暴力から直接民主制まで
> 自然権を守るためにできること

三者三様の社会契約説

	ホッブズ (1588〜1679)	ロック (1632〜1704)	ルソー (1712〜1778)
自然状態	万人の万人に 対する闘争	（不安定な） 自由・平等	（理想的な） 自由・平等
社会契約	国王に自然権を 譲渡し服従	政府に自然権を 信託するが 抵抗権を保持	一般意志に 近づく政府に 自然権を譲渡
国家像	絶対王政	間接民主制	直接民主制
影響	主権についての 議論を呼ぶ	アメリカ独立宣言	フランス革命

絶対
服従！

抵抗権
あるぞ！

一般意志

🧠 解釈の幅がある自然権

　社会契約説を唱えた有名な思想家は３人います。**ホッブズ**、**ロック**、**ルソー**です。この３人はそれぞれ重視する自然権が違っているため、完成する国家のイメージもかなり違う所が興味深いです。

　ホッブズは、人間は欲望に支配されているため、自然状態のままだと「**万人の万人に対する闘争**」が起こり、命が危ないと考えました。

　そこで「**生命**」という自然権を確保するために、「**強い王様に守ってもらう国家**」を作ろうと考えたのです。

　王が恐怖の力で支配してくれれば、世の中から命の奪い合いはなくなる。ひょっとすると王の抑圧や搾取のせいで自由や財産は守れないかもしれないけど、最優先の自然権が生命ならば、それも致し方なし、という考えです。

　ロックは、自然権の中でも特に「**所有権**」を重視し、それを確保するために国家を作ろうと訴えました。ただし、他人任せでは自然権は確保できないとも考え、統治者を人民自身の代表機関（議会）にし、その議会が人民を裏切った場合には、人民が「**抵抗権**（革命権）」を行使することで自然権を確保できるようにすべきと訴えたのです。

　ルソーは、人間社会に私有財産が生まれたことで、「**自由・平等**」という自然権が失われたと考えました。そこで考えたのが「**一般意志**」に基づく国家です。

　一般意志とは「**公共の利益をめざす全人民的意志**」で、これを全人民が共有して国家作りをすれば、失われた自由・平等は回復します。

　なるほど、みんなで公共の利益をめざせば不平等は消えるし、全人民の意志を政治に反映させれば、一人ひとりの自由も確保できます。

　そして、政治に全人民の意志を反映させるためにルソーが訴えた政体が「**直接民主制**」です。直接民主制とは選挙で選んだ代表者が政治をする議会政治（間接民主制）ではなく、「**全人民が参加する政治**」です。かなり理想主義的ですが、確かにこれが実現できれば、余す所なく全人民の自由が実現できるでしょう。

無知蒙昧から理性で ひらく啓蒙思想

> 人民を啓発する啓蒙思想は
> フランスへ輸出され革命につながる

ただの百科事典から危険な書物に

編集長
ディドロ
（1713〜1784）

責任編集
ダランベール
（1717〜1783）

百科全書を創刊

当初は職人工芸と科学技術を中心として、
ルネサンス以降の知識や技術を統括するものだった

＋

執筆
ルソー
（1712〜1778）

執筆
ヴォルテール
（1694〜1778）

執筆
モンテスキュー
（1689〜1775）

啓蒙思想家たちが加わり啓蒙思想の集大成に
フランス革命推進派のバイブルに

「仕方ない」から解放する思想

「無知・偏見からの理性による解放」、これを啓蒙思想といい、前項に登場したロックとルソーは代表的な啓蒙思想家です。

私たちはかつて無知だった頃、教会や国王から抑圧されても「教会だから仕方ない」「国王だから仕方ない」で済ませていました。

でもそこに理性の光を当ててみると、それらがおかしいことに気づきます。なぜなら、神ならともかく教会が偉い理由などないし、国王に至っては、私たちと同じ人間だからです。

それをろくに「考え」もせず「仕方ない」で済ませたら、私たちに未来はありません。だから啓蒙思想が必要なのです。つまり無知蒙昧な私たちを理性の光で啓発し正しい知識に導くための思想なのです。

啓蒙思想が発展したのは18世紀のフランスですが、その萌芽は17世紀のイギリスにありました。当時のイギリスには、ベーコンの経験論やニュートンの物理学、ロックの社会契約思想などが登場し、これら理性的な思考に導かれ、最終的にイギリスでは、カトリック支配が崩れ、市民が絶対王政を打倒したのです。

フランスの劇作家ヴォルテールは、それらイギリスの文物を、どんどんフランスに紹介しました。そしてそれは、当時まだ封建制や絶対王政に苦しんでいたフランス人たちに、熱狂的に受け入れられます。

イギリスではただの科学や政治の本でも、フランスでは「革命の先駆者たちの思想」です。こうして啓蒙思想は、フランスでは革命を正当化する思想へと先鋭化されていくのです。

そしてついにフランスで、大著が完成しました。『百科全書』です。

元々はただの百科事典になるはずだった『百科全書』は、万能の天才・ディドロ編集長と過激な劇作家ヴォルテールが出会ったことで、どんどん脱線していきます。そこへルソーやモンテスキュー、ダランベールといった尖った書き手が次々と加わったことで、いつの間にか『百科全書』は、「啓蒙思想の集大成」的な大著になっていったのです。

国王や教会は弾圧しましたが、この流れは止められませんでした。

人間の認識能力の限界 カントの理性批判

▷ 「対象が認識に従う」
従来の常識に逆行した認識論

理論理性が及ぶ範囲

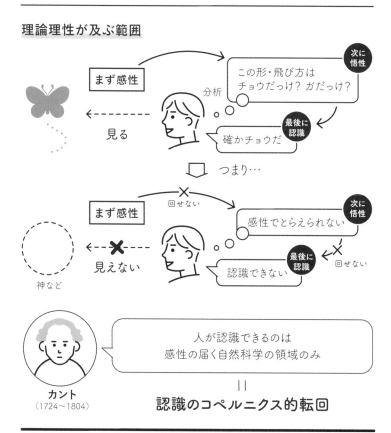

まず感性

見る

次に悟性

この形・飛び方は
チョウだっけ？ がだっけ？

分析

最後に認識

確かチョウだ

つまり…

まず感性

回せない

見えない

神など

次に悟性

感性でとらえられない

最後に認識

認識できない

回せない

人が認識できるのは
感性の届く自然科学の領域のみ

＝＝

認識のコペルニクス的転回

カント
（1724〜1804）

認識のコペルニクス的転回とは

ドイツで啓蒙思想を発展させた**カント**は「**批判哲学者**」と呼ばれます。ただしこの批判は「吟味・検討」という意味で、彼は人間の「理性の能力」を吟味・検討しました。

彼はその結果、人間には2つの理性があることを発見したのです。それが「**理論理性と実践理性**」です。

理論理性とは、自然科学の領域を認識するための理性です。

そこには2つの能力が備わっていて、それぞれ**感性**と**悟性**と呼ばれます。感性とは「**素材の状況を感覚的にとらえる能力**」で、悟性は「**それを分析する能力**」です。そして事物は、まず感性が素材を感覚的にとらえ、それを悟性が分析することで、初めて認識できます。

しかし、もしそうならば、私たち人間の認識能力には限界があることになります。なぜなら感性の「感覚的にとらえる」とは「見たり聞いたり触ったりする」という意味ですから、それができない素材（例えば神さまなど）は、感性ではとらえられません。

そして悟性は感性がとらえた素材しか分析できないわけですから、結局私たちは、**神さまを何年かけても認識できない**ことになります。

これは従来の認識論とは違った考え方です。従来の認識論は「認識が対象に従う」、これは「**私たちの認識能力は、素材にどこまでもついて行く**」という意味です。どこまでもついて行くということは、どんな素材でも最終的には必ず認識できるという意味になります。

しかしカントの認識は「対象が認識に従う」、これは「**素材は、感性・悟性の範囲までしか認識できない**」という意味で、まさに人間の認識能力の限界を認めるカントの言葉でした。従来の常識を覆すこの発見を、カントは「**認識のコペルニクス的転回**」と呼びました。

結局、カントの出した結論は「**私たちが認識できるのは、感性の届く自然科学の領域のみ**。超経験的世界まで含む世界の全体像（＝物自体）は認識できない」となりました。この後カントは、科学的認識の探究から、「人間のめざすべき世界の探究」へとシフトしていきます。

カントが思い描いた理想国家・目的の王国

▷ **万人が実践理性の道徳命令に従ってふるまえる世界を広めようとした**

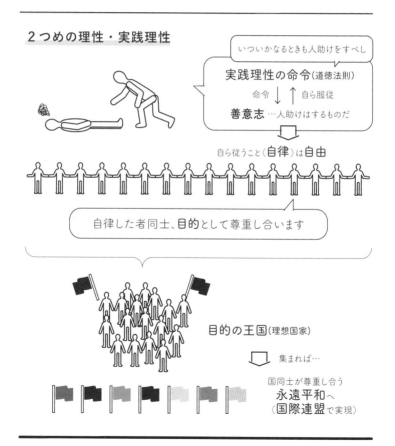

2つめの理性・実践理性

いついかなるときも人助けをすべし

実践理性の命令(道徳法則)

命令 ↓ ↑ 自ら服従

善意志 …人助けはするものだ

自ら従うこと(**自律**)は**自由**

自律した者同士、**目的**として尊重し合います

目的の王国(理想国家)

集まれば…

国同士が尊重し合う
永遠平和へ
(**国際連盟**で実現)

🧠 自律、すなわち自由

　自然科学の認識に限界を見たカントは、その後、思考の対象を科学から哲学へとシフトさせます。そこで、カントが取り組む新しいテーマになったのが「**人間はどういう世界をめざすべきか**」です。

　いきなり結論を書きますが、カントはその答えを「**すべての人が道徳法則に従った世界**」と考えました。

　なぜなら、人間誰しも好き好んで悪い世界に暮らしたくない以上、まず善悪どちらを望むかと問われれば、誰もが「善い世界」と答えるはずですし、カントにとっての善い世界とは、万人が道徳法則に従う世界だからです。

　しかし、道徳法則に従うとはいっても、誰かがその道徳法則を示してくれないと、従いようがありません。誰が示すのでしょう？

　答えは「自分自身」です。より正確には、私たちが理論理性以外に持っている2つめの理性・「**実践理性**」です。実践理性は道徳の領域を扱う理性で、常に私たちの内面から、私たち自身に対して**道徳命令を発し続けてくれている**のです。

　そして奇妙なことに、カントは、その実践理性の道徳命令にがんじがらめに縛られている状態（＝**自律**）を「**自由**」と呼びます。

　なぜなら、実践理性の命令に従って道徳的に動くのは一見窮屈ですが、よく考えれば実践理性も己の一部。ということは、これは「自発的な動き（つまり自由）」と考えられるからです。

　そして、誰も他者から縛られず（**他律**されず）、各人が「**自律に基づく自由**」を確保できれば、より善い世界の完成です。それは「他律がなく、みんなが互いを**目的**（価値あるもの）として尊重し、**万人が自由に実践理性の道徳命令に従ってのびのびと道徳的にふるまえる世界**」です。これがカントの考える理想国家「**目的の王国**」です。

　カントはこの考えを、国際社会に広げる考えも示しました。つまり、すべての国が互いに目的として尊重し合えば、理想的な国際社会が生まれる。カントはその夢を「**国際連盟の構想**」として示したのです。

絶対精神が世界の発展を促す ヘーゲル

▷ 人々は絶対精神に操られ
弁証法的に世界を社会を動かしてきた

ヘーゲルの「自由」と弁証法

ヘーゲル
（1770〜1831）

人間は自由を本質とする絶対精神に
操られて自由をめざし、
それが社会・歴史を発展させている

→絶対精神の運動法則 ＝ 弁証法

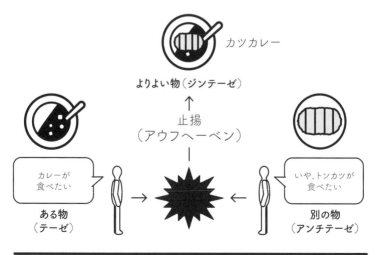

カツカレー

よりよい物（ジンテーゼ）

↑

止揚
（アウフヘーベン）
｜

カレーが
食べたい

いや、トンカツが
食べたい

**ある物
（テーゼ）**

**別の物
（アンチテーゼ）**

🧠 対立こそ社会発展の原動力

ヘーゲルは、カントに端を発するドイツ観念論哲学者です。そのため彼との共通点も多いのですが、「**自由のとらえ方**」は少し違います。

まず両者とも、実践理性の道徳命令に従う「自律」を自由と考える点は同じです。ところがカントは「道徳的な〝状態〟」だけでもOKでしたが、ヘーゲルは「**道徳的な〝行動〟**」まで求めました。

なぜか？　それは現実の社会が、まさにそうやって発展してきたからです。確かにいわれてみれば、世の中はルネサンスや市民革命など、まさに人間の自由をめざす「行動」の積み重ねで発展しました。

ではなぜ人間は、自由をめざす行動をとるのか？

ヘーゲルの答えは驚くべきものでした。

「それは自分の意志ではない。〝**絶対精神（世界精神）**〟に操られているからだ」

絶対精神は、自由を本質とする神のような存在です。それは、自らの本質である自由を自己実現するために、自分の手を汚さず人間を操る狡賢い存在です（理性の狡知）。そしてこの**絶対精神の自己実現のおかげで、世の中は歴史とともに発展・進歩し続けている**のです。

ではその絶対精神は、どういう法則性を持って、社会や歴史を発展させているのでしょう？　つまり「絶対精神の運動法則は何か」という問いですが、答えは「**弁証法的に発展させている**」です。

弁証法とは「**対立こそが社会発展の原動力**」という考え方です。

考え方はシンプルで、まず「**ある物**」が存在し、次にそれを否定する「**別の物**」が現れる。そして両者が対立し、互いの悪い部分を打ち消し合いながらよい部分を残そうとした結果、最終的に「**よりよい物**」が生まれる、という考え方です。これをヘーゲル風にいうと、「**テーゼとアンチテーゼが対立した結果、両者はアウフヘーベン（止揚）されてジンテーゼが生まれる**」となります。

この弁証法は、後の思想家たちに大きな影響を与え、様々な哲学者が、自らの思想の骨組みに組み込んでいくことになります。

行為の善悪を快楽の有無に求める功利主義

▷ 個人の快楽量の増加をめざすベンサム
傀儡の質的差異に着目したミル

量的功利主義と質的功利主義

ベンサム
(1748〜1832)

> 人間の快楽量は量的に計算が可能。
> 個人の快楽量を増やせば、社会は幸福に。
> めざすべきは最大多数の最大幸福だ

計260点　＞　計200点

めざさないと…　➡　**外的制裁**

自：体を壊す
法：逮捕される
道：非難される
宗：天国に行けない

ミル
(1806〜1873)

> 人間の快楽量は計算可能とベンサムは
> 言うが、快楽には質的な違いがあるのでは?
> 他人の幸福のような高尚な快楽が理想だ

他人の幸福　＞　自分の幸福

めざさないと…　➡

ズシーン!

内的制裁
＝
良心の呵責

🤔 利潤追求が道徳原理にかなう思想

功利主義とは、行為の善悪を「**その行為が快楽や幸福をもたらすか否か**」に求める考えで、経験論（P74）の流れを汲みます。

この思想は19世紀、産業革命期のイギリスで生まれました。

当時は資本主義が非常に栄えていましたが、貪欲な利潤追求は道徳的にやましいもの。いくらカルヴァン主義が利潤を肯定しても、そのやましさは拭えません。ならば考え方を変え、利潤追求が道徳原理にかなう理論を構築しよう。つまりこうです。

「**豊かになることは快楽であり、快楽は人を幸せにするから〝善〟だ。ならば、カネを稼ぐことも善だ**」。確かにこれなら、守銭奴も道徳原理にかないますね。こうして功利主義は生まれました。

さて、功利主義の祖といえば、**ベンサム**です。

彼は「**量的功利主義**」者で、人間の快楽量は量的に計算可能と考えました。ということは、個々人の快楽量を増やしていけば、その総和で、どんどん社会は幸福になるということで、これがいわゆる「**最大多数の最大幸福**」です。

ただし**人間は本来利己的**だから、何らかの罰でもない限り、誰も進んで最大多数の最大幸福などめざさないはずだと、彼は考えました。

ベンサムはそれが何であるかを突き止め、それらを「**四つの制裁（自然的・法律的・道徳的・宗教的制裁）**」と呼んだのです。

もう１人の功利主義者は、**ミル**です。彼の功利主義は「**質的功利主義**」で、快楽には質的差異があり、人は低俗な快楽よりも高尚な快楽を求めるはずだと考えました。また制裁も、ベンサムのものとは違った「**内的制裁**」で、これは「最大多数の最大幸福をめざさなかったことに対する〝良心の呵責〟＝制裁」というものです。ミルの質的功利主義は、彼の残した以下の有名な言葉に、よく表れています。

「満足した豚であるよりも、不満足な人間の方がいい」

「満足した愚か者であるよりも、不満足なソクラテスの方がいい」

社会学の祖 コントとスペンサー

▷ 実証主義で未来を予測するコント、 進化論を発展させたスペンサー

実証主義と社会進化論

コント
（1798～1857）

社会や歴史の発展を経験的事実の観察のみに基づいて分析し、法則性を見つけ、未来を予見していく＝**実証主義**

三段階
の法則
＝
思考の
発展過程

① 神学的段階（神への信仰重視）
② 形而上学的段階（理性的だが観察が欠落）
③ 実証的段階（観察した事実に基づく思考）

→ ここから法則を見つけ🔍よりよい未来を作る

スペンサー
（1820～1903）

ダーウィンの適者生存
（その環境に適応したものだけが生き残る）の考えは
社会進化の説明にも応用できる

社会進化も同じ…

個人の競争で
自然淘汰がなされる
近代資本主義は当然では？

🧠 社会現象を分析する学問

様々な社会現象や、それが発生する原因・メカニズムを分析する学問を、**社会学**といいます。

そして、その社会学を「**実証主義**」的に分析したのが**コント**、「**社会進化論**」の見地から分析したのが**スペンサー**で、この2人が社会学の創始者とされます。

コントの実証主義では、社会や歴史の発展を「**経験的事実の観察のみ**」に基づいて分析します。そこから法則性を見出し、未来を予見していくわけです。つまり実証主義とは「ベーコンの経験論（P74）を、自然科学ではなく社会の探究に応用したもの」といえそうです。

さらにコントといえば「**三段階の法則**」でも有名です。

人間の思考は段階的に発展してきたという考え方で、現在の「**実証的段階（観察した事実に基づく思考）**」に至るまでに、人間は「**神学的段階（神への信仰に基づく非科学的な思考）**」、「**形而上学的段階（理性的だが観察に基づかない思考）**」を経てきたことを示しています。「王政の時代は神学的で非理性的だった。フランス革命期の思考は形而上学的だったが、創造よりも破壊に走った。フランス社会に〝**秩序と進歩**〟をもたらすには、今こそ実証主義の出番だ」——彼にとっては、革命後の混乱収束に、実証主義が必要だったようですね。

スペンサーの社会学では、社会を「社会進化論」的に分析します。

これは「**ダーウィニズム（＝適者生存）は、社会進化の説明にも適用できる**」というシンプルなもので、当時一大センセーションを巻き起こしていた**ダーウィンの『種の起源』**の影響を大きく受けています。

この時代、進化論が社会に与えたインパクトは非常に大きく、コントの「三段階の法則」にもダーウィン以前の進化論の影響がうっすら感じ取れますが、スペンサーのはモロです。

ちなみにあまり知られていませんが、実は「進化」や「適者生存」は、ダーウィンではなく**スペンサーの造語**です。ダーウィンの用語だと、進化は「変化」、適者生存は「自然選択」になります。

COLUMN

「道徳性と適法性のお話」

　カント哲学は「動機説」、ベンサムの功利主義は「結果説」とも呼ばれます。これはカント哲学が「個々の行為の結果なんて気にしない。とにかく動機の美しい人々ががんばることで、理想の道徳世界ができるんだ」なのに対し、ベンサムは「動機の美しさは関係ない。結果的に快楽や幸福が増えれば善だ」と考えているということです。

　この動機説と結果説、「動機における道徳性」と「結果的な適法性」という言葉を使うと、カントが動機説を重視した理由が、より理解できます。実は、道徳性と適法性は、相容れないことが多いのです。言い換えると、ことさらに適法性を強調する人は、道徳心が薄いか、道徳的なやましさをごまかしている場合が多いのです。

　例えば、パチンコが大好きな人に「パチンコって賭博じゃないの？」と聞くと、たいてい「あれは法律上、賭博じゃなくて〝遊戯〟だから大丈夫」みたいな答えが返ってきます。しかし、いま適法性を強調している彼の胸中は、おそらく道徳的なやましさでいっぱいです。あるいは政治家が「私は潔白だ！　天地神明に誓って、法に触れることなど、何ひとつしておらん」という時、その政治家は道徳的に見えるでしょうか。

　答えはNoです。

　そう考えると、やはり適法性の強調は、多くの場合、道徳的やましさの隠れ蓑にされており、そういう目で適法性にすがる人々を見始めると、そこはもう悪人の見本市です。

「証拠あんの？」「ここに冷蔵庫捨てるななんてどこにも書いてねーぞ」「企業経営はモラルよりもコンプラだよ」「弁護士を呼べ！　話はそれからだ」──こんな物騒な人たちが集まって、理想の道徳世界など、作れるわけがありません。だからカントは、結果説よりも動機説を選んだのです。

　ちなみにベンサムが結果説なのは、彼の思想がイギリス産業革命期の思想であり、貪欲に利益を求める資本家の道徳的やましさを慰める必要があった時代と考えれば、これも理解できますね。

PART 4

現代の思想
社会主義と実存主義

資本主義の伸長は新たな思想を生み出します。
自由よりも平等を求める社会主義、
社会にとっての真理よりも自分にとっての真理を求める実存主義、
どちらも時代の要請から生まれました。
社会主義の「国家」は苦手な人も、「思想」は面白いですよ。

社会主義の成立条件と空想的社会主義

 社会主義が成り立つには
高度に発達した資本主義経済が前提

革命が成就するまで

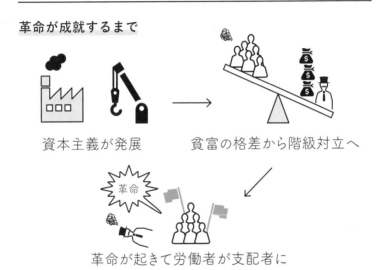

資本主義が発展　　　貧富の格差から階級対立へ

革命が起きて労働者が支配者に

空想的社会主義

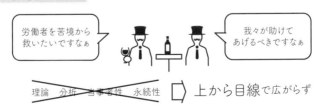

労働者を苦境から
救いたいですなぁ

我々が助けて
あげるべきですなぁ

理論　分析　当事者性　永続性　　上から目線で広がらず

社会主義が成立する社会とは

社会主義思想は「平等で民主的な理想の社会をめざす」思想です。「自由」重視の**資本主義とは対極的な価値観**ですが、当然自由と平等に、優劣などつけられません。どちらも大事です。

社会主義の社会は、いきなりポンとは生まれてきません。実は社会主義社会が実現するためには、まず前提として「**資本主義が高度に発展**」していることが必要なのです。

なぜなら、まず自由な社会で資本主義が発達すると、競争原理で貧富の差が生じます。そうすると、豊かな側の**資本家**（ブルジョアジー）と貧しい側の**労働者**（プロレタリアート）間の「**階級対立**」が発生します。この対立は資本主義が栄えるほど激しくなり、それがピークに達した時、「**革命**」は起きます。

そして、その革命が起きる時の人数構成は「ごくわずかな資本家vs.不満を持った100万人の労働者」みたいになっていますから、必然的に労働者が勝利します。そして労働者が勝てば、彼らが新しい支配者となって、平等な社会作りを始める、という流れです。

さて、この社会主義ですが、大きく2種類に分けることができます。「**空想的社会主義**」と「**科学的社会主義**」です。

空想的社会主義とは、「貧しい労働者がかわいそう、助けてあげたい」という「**上から目線の社会主義**」です。

つまり資本家や余裕がある側からの同情的・慈善的な社会主義で、そこには理論的展望や分析もなければ、永続性もありません。

なぜなら労働者が自ら勝ち取った平等でない以上、資本家側の事情で、すぐに覆されてしまうからです。代表的な思想家にサン・シモン（科学者と産業家が協力）、フーリエ（「ファランジュ」という農業共同体作り）、オーウェン（元資本家として工場で労働条件改善に着手）などがいますが、どれも一面的で不十分な社会主義思想ばかりです。

思想家**エンゲルス**は、彼らを『空想から科学へ』で批判し、その後社会主義思想は、**科学的社会主義**へと発展していくことになります。

マルクスによる
科学的社会主義

> 下部構造が変わることで
> 上部構造も作り替えられる

弁証的唯物論

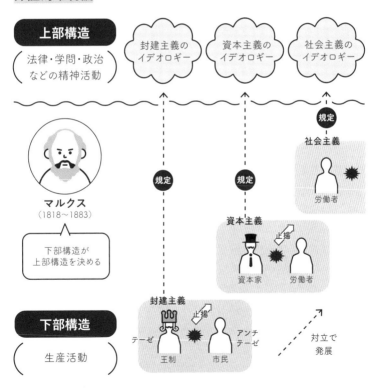

上部構造
（法律・学問・政治
などの精神活動）

封建主義の
イデオロギー

資本主義の
イデオロギー

社会主義の
イデオロギー

規定

社会主義

労働者

マルクス
（1818〜1883）

下部構造が
上部構造を決める

規定

規定

資本主義

止揚

資本家　　労働者

封建主義

止揚

テーゼ

アンチ
テーゼ

王制　　市民

対立で
発展

下部構造
（ 生産活動 ）

革命こそがよりよい社会を生み出す原動力

　空想的社会主義が、一面的で永続性のない不十分なものであることはわかりました。では「**科学的社会主義**」とは、どんなものでしょう？

　科学的社会主義とは「科学的に理詰めで物事を考えていけば、最後には必然的に平等な社会を作れる」という社会主義です。

　つまり、科学のように「**必然的で永続的な唯一の真理**」を導くために、考え方を徹底的に科学的にしようというわけです。**マルクス**がその祖にあたり、一般に社会主義と呼ばれるものは、基本これです。

　科学的社会主義は、まず考え方を科学的にするために「**唯物論**」の立場を取ります。唯物論とは「**意識よりも物質重視**」の考え方で、科学が物質世界を探究する学問である以上、社会主義もそうでないといけないとの考えに基づきます。ちなみに、唯物論の対義語は**観念論**。

　観念論だと「神が人間を創った」という所を、唯物論では「**人間が神を創った**」（正確には「物質である人間の脳が、神という観念を生み出した」）となります。

　そしてマルクスは、社会の発展法則に「**弁証法**」を採用しました。

　弁証法はヘーゲル（P94）の「対立こそが社会発展の原動力」という考え方です。そして、この唯物論と弁証法の結合を「**弁証法的唯物論**」といい、そこからはこういう結論が導けます。

「まず、人間が物質を作り出す作業といえば労働。そして、労働の場における対立といえば階級対立。ということは、資本家と労働者の階級対立の結果生じる**革命こそが、よりよい社会・社会主義社会を生み出す原動力となる**」

　そして革命の結果、生産活動（＝**下部構造**）の支配者が資本家から労働者に代われば、それに合わせて法律・政治・学問などの精神活動（＝**上部構造**）も、労働者のためのものへと作り替えられます。

　つまり、下部構造の支配者しだいで上部構造も覆る。これが科学的社会主義の歴史観です。この歴史観を「**唯物史観**」といい、マルクスはこれを「**下部構造が上部構造を規定する**」と表現したのです。

資本主義の改良を
めざす社会民主主義

▷ 現在の政党の源流となっている
　修正主義とフェビアン社会主義

社会民主主義のアプローチ

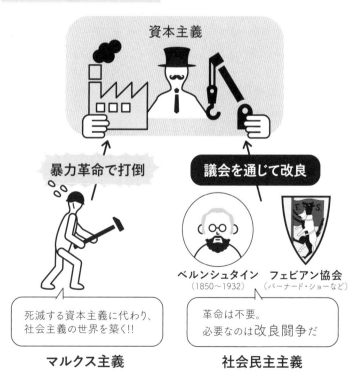

資本主義

暴力革命で打倒

議会を通じて改良

ベルンシュタイン
（1850〜1932）

フェビアン協会
（バーナード・ショーなど）

死滅する資本主義に代わり、
社会主義の世界を築く!!

革命は不要。
必要なのは改良闘争だ

マルクス主義

社会民主主義

「ちょうどいい」目線の社会運動

ここまで見てきたように、社会主義には「上からの社会主義」である空想的社会主義と、「下からの社会主義」である科学的社会主義があります。

しかし前者は慈善的・同情的な激甘で、後者は暴力革命辞さずの激辛と、なかなかちょうどいい塩梅の社会主義がありませんでした。そこで登場したのが「社会民主主義」です。

社会民主主義とは、「議会を通じて漸進的に（徐々に）社会を改革し、不平等を是正する」という社会主義思想です。「議会」という合法的手段での社会改革をめざす点に特徴があり、科学的社会主義の特徴であった**階級闘争や暴力革命、共産党の一党独裁には否定的**です。

ドイツ社会民主党右派の理論的指導者だった**ベルンシュタイン**は、マルクス主義者の描く「階級闘争からの革命で、死滅寸前の資本主義にとどめを刺し、将来的に社会主義を実現させる」という未来図に、疑問を抱きました。

その上で彼は、「社会民主党のやるべきことは、資本主義の死滅などを期待した階級闘争ではなく、日々の〝改良闘争〟だ」と述べ、議会における民主的手続きを経て徐々に社会を改良していく「**修正主義（修正マルクス主義）**」を説いたのです。

またイギリスでは、知識人グループが設立し、そこに作家のバーナード・ショー（中心的人物）や社会運動家の**ウェッブ夫妻**（理論的指導者）らが参加した「**フェビアン協会**」が、「**フェビアン社会主義**」という社会民主主義を唱えました。

これは「議会活動と社会保障で資本主義の弊害を克服し、漸進的に社会主義を実現していく」というもので、修正マルクス主義と同じく、暴力革命や共産党の一党独裁には否定的な立場です。

フェビアン協会はその後、イギリス労働党の前身である労働代表委員会に参加したことで、フェビアン社会主義は、**現在の労働党の社会民主主義の骨格**になっていきます。

生き方を考える哲学
実存主義

▷ 産業革命下の社会で疎外に苦しんだ
　者たちが、個のあり方を問う

豊かだが豊かじゃない時代

19世紀…

産業革命

都市は大きく、生活は豊かに

しかし…

社会が人を支配し、人間性が危機に

世界の本質ではなく、
今の私から出発する哲学を作ろう！

= 実存主義

資本主義社会で個人はどう生きるべきか？

　実存主義とは、現実存在としての「**人間の生き方を考える哲学**」です。人間の生き方を考えるって、何だかとっても哲学っぽいですが、これはたぶん、皆さんがイメージする〝人間〟とは違います。

　ここでの人間とは、社会的存在としての人間ではなく、「**個としての人間**」です。つまり実存主義とは、「人間はこう生きるべきだ」ではなく「**自分はこう生きるべきだ**」の哲学なのです。実存主義が求めるこの「自分の生き方に対する答え」を「**主体的真理**」といいます。

　実存主義は、19世紀のヨーロッパで生まれました。これは当時の人々が、自分の生き方に対する答えを求めていたことを意味しますが、ではなぜ彼らは、それを求めていたのでしょう？

　答えは「**産業革命**」です。この時代、機械や動力が次々と発明されたおかげで、都市は大規模化し、所得水準も上がって、人々の生活は以前よりはるかに、物質的に豊かになりました。ところが気づいてみると、いつの間にか**社会と人間の関係が逆転**していたのです。

　つまり社会を作った人間の方が、いつしか「社会の歯車」のようになり、私たちのかけがえのない個が、まるで交換可能な部品みたいに矮小化されてしまっていたのです。

　人間が自分の作ったものに支配され、人間性を失っていくことを「**疎外**」といいますが、まさに19世紀のヨーロッパ人たちは、その疎外に苦しんだ人たちだったのです。

　自分の生き方への答えを欲した彼らは、哲学にすがりました。

　でもそこに、答えはありませんでした。なぜなら従来の哲学は、イデアや世界精神といった「**本質の認識**」に偏りすぎていたからです。

　そこで彼らは、こう思いました。「答えがないなら、自分たちで作ろう」。こうして19世紀のヨーロッパで、実存主義は誕生したのです。

　この後数人の実存主義者が出てきますが、気をつけてください。

　彼らが説くのは、万人共通の真理ではなく「**自分にとっての真理**」。それを堪能するのが、実存主義なのです。

実存主義の祖
単独者キルケゴール

▷ 単独者としての生き方を模索し、
宗教的実存にたどりつく

真理に至った「実存の三段階」

キルケゴール
（1813〜1855）

> ヘーゲル哲学には「自分の生き方」への正解は
> なかった。単独者として真理を探すしかない

1 美的実存 … 快楽を求め享楽的に生きる

↓

あれもこれも欲しがることで自分を
見失ってしまう ✕

2 倫理的実存 … 真面目に、良心的に生きる

↓

自分の弱さ、無力を痛感してしまう ✕

3 宗教的実存 … この世に不要なものを作るはずがない。
神の存在を信じ切れば、自分が必要と
されたという事実に確信が持てる ○

〝死に至る病〟のさなかに真理を得る

実存主義の祖・キルケゴールは、暗く、沈みがちな性格で、〝絶望〟という「死に至る病」に取りつかれていました。というのも、かつて父から「お前たち7人兄弟は、全員イエス様の死と同じ34歳までに死ぬ。これは私が昔、神に背いた罰だ」と聞かされ、実際7人中5人が34歳までに死んでいたからです。

ただ、そういう性格だったからこそ、彼はこの時代を覆う「疎外」という現実から目を背けず、多くの人が思考停止する中、せめて自分だけでも自分をごまかさず、主体的に生きようと考えました。

キルケゴールが行った最初の主体的決断が「婚約破棄」でした。

これは彼が、愛する彼女の幸せを願い、真摯に悩みぬいた末の決断でした。しかし彼は、その後深い自己嫌悪に陥り、生き方に悩んで、ヘーゲル哲学にすがります。しかし、そこに答えはありませんでした。

ここで彼は、ふと間違いに気づきました。彼の犯した間違いとは、**自分の生き方の答えを、ヘーゲルという「他者」に求めた**ことです。

よく考えたら、自分の生き方の正解など、他人にわかるはずがありません。それに気づいた彼は、ここから自己の主体的決断のみで人生を切り拓く「単独者」として生きることを決意するのです。

彼は単独者として、まず「楽しく生きよう（＝**美的実存**）」とし、次に「真面目に生きよう（＝**倫理的実存**）」としますが、結局どちらもうまくいかず、絶望します。

しかしここで、彼は気づきました。

「僕は絶望という死に至る病にかかっているのに、なぜか死んでいない。これは神の奇跡・恩寵以外にあり得ない。そして神は、絶対的な完全者だから、この世に無駄なものは作らないはず。ならば僕は、今後は**神を100％信じ切って**生きてみよう。それができれば、神が自分を必要なものとして創ってくれたことにも確信を持って生きられる」

これが、彼が最終的に至った「**宗教的実存**」としての生き方です。

まさに「キルケゴールだけにとっての真理」ですね。

包括者の存在を説いたヤスパース

> 人間がたどりつけるのは世界の一部
> 限界状況から気づきを得る

4つの壁が包括者の存在を知らせる

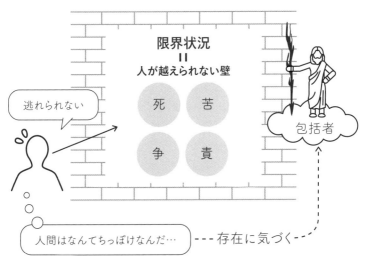

限界状況
＝
人が越えられない壁

死　苦

争　責

逃れられない

包括者

人間はなんてちっぽけなんだ…　--- 存在に気づく ---

ヤスパース
（1883〜1969）

人は限界状況に置かれることで、
人間の力の有限さを知る。
その上で最善を尽くして生きることが大切だ

科学ではすべての問題を解決できない

実存主義を代表する1人・ヤスパースといえば「**限界状況**」という言葉で有名です。限界状況とは「**死・苦・争・責**」という形で人生に現れる「**越えられない壁**」のことで、実際ヤスパースもナチスからの弾圧という形で限界状況にぶち当たり、挫折を経験しています。

ただヤスパースの興味深い点は、そこから「その壁を乗り越えろ！」ではなく、「**そこに神の存在を感じませんか？**」と続く点です。

確かに限界状況は「人の努力では克服できない壁」ですから、見方を変えれば「人より上位者である何者かの仕業」ともいえます。その何者かのことを、ヤスパースは「**包括者（超越者）**」と呼んでいます。

現代は科学万能の時代ですが、ヤスパースの考えでは、科学では「世界のすべての問題」を解決することはできません。

なぜならカント（P90）が言うように、科学は経験的世界までしか扱えませんが、真の世界の全体は「超経験的世界まで包括するもの」だからです。ということは、科学で解決できるのはあくまで「**世界の一部の問題だけ**」であり、これを「すべての問題」にまで広げるためには、どこかで人類は、包括者に接近するしかないのです。

実は人類は、かつてそれを直観的に悟った時期がありました。

それは紀元前のある時期（BC800〜200年頃）で、その頃なぜか世界では、地理的接点もないのに、ほぼ同時期にユダヤ教・イデア論・ブラフマン・道の思想などが現れました。

これらはすべて「普遍的なものへの歩み寄り」であり、言い換えれば「**人類の包括者への接近**」です。ということは、私たちは大昔、せっかく世界の全問題への取り組み方のヒントに気づいた（もしくは包括者が「気づかせた」）のに、きらびやかな科学の発展が、その気づきにフタをしてしまっていたのです。

ヤスパースによると、限界状況は私たちが**包括者（＝超越者）の存在を感じる契機**です。今こそ私たちは、挫折を契機に包括者を想起し、科学万能のあり方を再考すべき時期にきているのかもしれません。

死を自覚し主体性を回復せよ ハイデガー

> 人間は自分の死を正面から意識することで、生がリアルなものとなる

充実した生を生きるために

人はいつか必ず死ぬ

しかし多くの人は「自分の死」と直面することを避け、日々をやり過ごす

考えない
考えない

平均化して埋没する
世人（ダス・マン）になる

世人にならないためには…

他者ではなく自分の死を直視して生きることで有限な人生を充実させることができる

ハイデガー
（1889~1976）

ダス・マンになるなかれ

ハイデガーは、それまで宗教の領域だったテーマに、哲学的に切り込んだ人物です。そのテーマとは「死」。そう、彼は「**死への存在**」である私たちが、いかに生きるべきかを考えた実存主義者なのです。

ハイデガーによると、人間は「**現存在**」です。これは「**自分の存在の意味を考える唯一の存在**」という意味ですが、なぜか私たちはそれをせず、日々を無為に過ごしています。なぜでしょう？

それは「死」です。自分の存在の意味について考えれば、必ず「自分の死」についても意識せざるを得ません。ところが、ただの死でなく「**自分の死**」について考えるのは、**あまりにも怖い**のです。

死は、理不尽です。死は、それまで自分が積み重ねてきた成果を無にするものなのに、誰もが必ず死にます。この運命に逆らおうとしても、私たちが「**世界ー内ー存在**」（自分が放り込まれた世界という環境や運命に逆らえない存在）である以上、不可能です。

だから私たちは、自分の死から目を背け、みんなと同じようにどうでもいい雑事（人やモノとの関わり）に気を散らしながら、日々をやり過ごします。

このように、やがて確実に訪れる「自分の死」というシリアスな真実から目を背け、他者と平均化してつまらない日常を過ごすあり方を、ハイデガーは「世人（ダス・マン）」と呼んで批判します。では、そんな私たちが充実した生を過ごすには、何が必要なのでしょう？

答えは、自分が「死への存在」であると強く意識しながら生きることです。これは他人の死ではダメです。死を恐れる私たちは、他人が死んでも、それを自分の死とは結びつけず、ただ喪失感からその事実を悲しむだけです。

それよりも、**自分が死にかけている姿を想像してみてください。**

その瞬間、生きている実感や死にゆくことへの焦燥、生きたいという欲求が噴き出し、希薄で漠然としていた自分の「生」が、初めてくっきりしたものとなり、生を充実させようと思う契機になるはずです。

ニーチェによる キリスト教道徳への批判

> ルサンチマンに基づく価値形成は
> 自己の無価値の肯定につながる

歪んだ敵意がニヒリズムを招く

強者へのルサンチマンから弱者を美化する
キリスト教はニヒリズムの元凶だ

ニーチェ
（1844〜1900）

── 清貧の教え ──

ルサンチマン

今は苦しい我々だがあいつらは
どうせ天国には行けないんだ

── 非暴力の教え ──

ルサンチマン

悪いのは暴力をふるう方。
殴られる我々こそ善人だ

自己の価値があるかのように見せているだけで
その実、無価値を肯定している（**ニヒリズム**）

→ **19世紀末にはキリスト教の役割が終わる**

キリスト教道徳にある「歪み」

ニーチェは、キリスト教道徳への批判を通じて「**ニヒリズム（＝虚無主義。価値否定の思想や態度）」の克服**をめざした実存主義者です。

ニーチェによると19世紀のヨーロッパでは、ある物が原因となり、ニヒリズムが完成します。その「ある物」とは、キリスト教です。

ニーチェはキリスト教の価値観に、奇妙な「歪み」を発見しました。例えば「**貧しい人々は幸いである**」という言葉です。貧しい人々は不幸のはずなのに、価値観が転倒している。なぜだ？　ニーチェはその原因が「**ルサンチマン（怨恨・反感）**」にあると考えました。

キリスト教の母胎は、ユダヤ教です。ユダヤ人は迫害により、長年無価値扱いされてきました。だから彼らは、自己の価値をこう表現します。「我々を迫害する強いローマ人は悪人。だから、その逆の弱いユダヤ人は善人」――これが**ルサンチマンに基づく価値形成**です。

イエスの「違和感のある教え」の多くには、このルサンチマンがあります。

例えば「貧しい人々は幸い」という清貧の教えは、豊かな迫害者たちへのルサンチマン、「右の頬を打たれたら左の頬も差し出せ」は「暴力を振るう迫害者は悪人。あえて殴られにいく我々は善人」というルサンチマン、「敵を愛し、迫害する者のために祈れ」は、「人を敵視し迫害する奴らは悪人。その逆をやれば善人」――といった具合です。

そういう見方をすると、キリスト教の善意は、見事に「**ねじ曲がった敵意**」からきていますね。

ただ、この価値の示し方は危険です。なぜなら、敵の負の部分に光を当て、そこにできる影を自己の価値のように「見せている」だけだからです。ただ一言「ユダヤ人は善い」と言えればいいのにできない。

結局彼らは「**自己の無価値を肯定**」してしまっているのです。

無価値の肯定は、ニヒリズムです。結局ヨーロッパ人たちは、キリスト教の根底にニヒリズムが渦巻いていることに気づかずに受け入れ、それをどんどん拡大させてしまった、というわけです。

無価値を乗り越えよ
ニーチェの超人思想

> 神は死に、歴史は永遠回帰するが
> 超人は価値なき時代も生き抜ける

超人にとってニヒリズムは通過点

19世紀…キリスト教の没落、形骸化

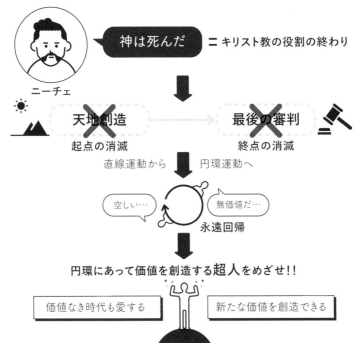

ニーチェ

神は死んだ ＝ キリスト教の役割の終わり

天地創造
起点の消滅

最後の審判
終点の消滅

直線運動から　　円環運動へ

空しい…　　無価値だ…

永遠回帰

円環にあって価値を創造する**超人**をめざせ!!

価値なき時代も愛する　　新たな価値を創造できる

歴史が円環しても自己を見失わない

　ここまで見てきたように、ヨーロッパ人たちは、**キリスト教の根底にルサンチマンがある**ことに気づかずに受け入れ、ニヒリズムをどんどん深化させてしまいました。

　そしてそのニヒリズムが、19世紀ついに完成します。

　原因は「**キリスト教の没落**」です。この時代、キリスト教は形骸化し、もはや純粋な信仰対象でも支配の道具でもなくなりました。かつての力と輝きを失ったその姿は、ニーチェの目にはこう映りました。「ニヒリズムを広めてきたキリスト教が、ついにその役割を終えた」——これがニヒリズムの完成です。

　ニーチェはこれを「**神は死んだ**」と表現しました。そしてこの神の死を境に、歴史は「**永遠回帰**」を始めました。永遠回帰はニーチェの造語で、「**無価値な人生が永遠に繰り返される**」という歴史観です。

　これは、以下の理由で始まりました。
「神の死で、歴史の時間軸から起点（天地創造）と終点（最後の審判）が消えた。にもかかわらず、今も時間は流れている。ということは、いつしか時間軸の起点と終点がくっつき、歴史は過去から未来へ向かう直線運動ではなく、ぐるぐる回る**円環運動**に変わってしまった」

　無価値な人生の繰り返しは辛すぎです。ではニーチェは、こんな時代を生きるために、どんな人間になるよう説いたのでしょう？

　答えは「**超人**」です。超人は、価値なき時代をも愛し（**運命愛**）、そこに新たな価値を創造できる、自己肯定的な人間です。既成の価値が死んだ時代でも、新たな価値の創造は可能なのです。

　人間には、**アポロ的**（秩序・静けさ）な側面と**ディオニソス的**（陶酔・激情）な側面があり、ディオニソス的なエネルギー（**力への意志**）を発揮すれば、価値は創造できます。芸術家ワーグナーは、まさにニヒリズムの完成した19世紀に、新たな芸術的価値を生んでいます。

　超人に助けてもらうのではなく、「**超人として生きよ**」。

　これがニーチェの答えです。

人は自由に拘束される 知の巨人 サルトル

> 実存は本質に先立つがゆえに、
> 人は自由に対して責任がある

自由からは逃れられない

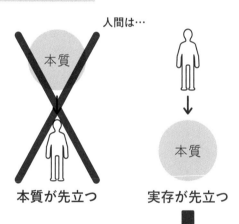

人間は…

本質

本質

本質が先立つ　　**実存が先立つ**

だからこそすべての行動に責任が伴う（**自由と責任**）
→ 自由と責任をまっとうするためには？

サルトル
（1905〜1980）

社会参加することで社会変革に関わる。
それが責任の取り方だ＝アンガージュマン

人間にあらかじめ「本質」などない

20世紀最大の哲学者ともいわれるサルトルは、無神論的実存主義者です。だから彼の人間観は**「実存が本質に先立つ」**になります。

これは「神がいない以上、人間の本質など前もって存在せず、まず生まれ、その後自らを作る」という意味です。

もしも神がいるならば、神はまず人間の設計図（「人間とはこういうもの」という本質部分）を先にイメージし、その設計図に基づいて人間を作るはずです。その場合は**「本質が実存に先立つ」**です。

しかし神がいないならば、**人間の設計図は前もって存在しません。**

その場合人間は、まず現実存在としてこの世に生まれ、その後自らの本質を自ら作ることになります。このようにサルトルは、先天的な本質を持たないという意味で、人間を**「自由」**な存在ととらえました。

しかし「本質がない」ということは、万事を人のせいにできないことも意味します。つまり罪を犯しても、「人間は罪深い存在ですよね。だからやっちゃいました。すみません」みたいな言い訳はできないのです。つまり人間は、自由であるがゆえに、すべての行動に責任が伴うということになります（＝**自由と責任**）。

そう考えると、自由とはすべてに自己責任が伴う重苦しいものでもあり、そんな自由ならいらないという人も出てきそうです。

でもどんなに自由が嫌でも、神がいない以上、自由である運命からは逃れられません。この**「自由から逃れたくても逃れられない」**という逆説的な自由観を、サルトルは**「自由の刑」**と表現しました。

では「自由と責任」をまっとうする生き方とは何でしょう？

答えは**「アンガージュマン」**です。単語の意味は「拘束」ですが、サルトルは「社会参加（つまり社会の中への自己拘束）」という意味で使っています。これは「私たちは社会参加することで、社会と関係性を持ち、それが社会変革の要素の一部となる。だから社会を正しく変革することが、自由に伴う責任の取り方だ」という考え方です。

この思想は、**1960年代の学生運動**に深い影響を与えました。

実用性至上主義
プラグマティズム

> 仮説と検証によって真理を探究
> 真理が相対的であるのが最大の特徴

プラグマティズムの仮説検証

実用主義…実用的効果のあるものが真理

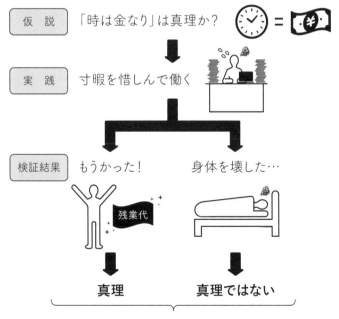

仮 説	「時は金なり」は真理か？
実 践	寸暇を惜しんで働く
検証結果	もうかった！ / 身体を壊した…

真理 / 真理ではない

唯一絶対の真理は存在せず、**有用**であれば認められる

アメリカ生まれのフロンティア哲学

最後にイギリス経験論 (P74) の流れをくむ、プラグマティズムを紹介します。これは「実用主義」と訳される思想で、「実用的効果を持つものだけが真理」という考え方です。

何ともあっさりした思想ですが、これが「19世紀アメリカ生まれの哲学」と聞けば、なるほどと納得できます。

なぜなら当時のアメリカは、まだ未知の大陸。何が起こるかわからない新天地に入植した移民たちにとって、「使える」という価値観は、世界の真理などよりはるかに重要でした。つまりプラグマティズムは、「生きる力」を求めたフロンティア精神が生んだ哲学なのです。

プラグマティズムにおける真理探究の基本は「仮説と検証」です。

やり方は、まず真理か否かの問題提起をし (＝仮説を立てる)、実践を通じて実用的効果を「検証」します。その結果、実用的効果が認められればその事柄は真理、なければ真理ではない、となります。

例えば「仮説：〝時は金なり〟は真理か否か？→実践：寸暇を惜しんで働く→検証結果：〝もうかった〟なら真理／〝身体を壊した〟なら真理ではない」という具合です。このようにプラグマティズムでは、時と場合により真理は異なります。これを「相対的真理」といいます。

この思想の創始者はパースですが、大成者といえばデューイです。

デューイといえば「道具主義」。これは、人間の知性を「生活上の問題解決のための道具」と見る考えです。これまでヨーロッパの哲学では、知性を哲学的な真理探究にばかり使ってきました。

でも少なくともアメリカでは、「使える道具」であるべきです。そのような有用な道具としての知性を、デューイは「創造的知性」と呼びました。

そしてその創造的知性を〝身につける場〟としての「教育」と、〝発揮する場〟としての「民主主義」の必要性を説いたのです。

デューイの教育論は、受動的な知識の暗記に頼らず、人間の自発性を重視した「問題解決学習」として、今日も高く評価されています。

COLUMN

「ちょっとだけキルケゴールを擁護」

　私はキルケゴールが大好きです。とにかくネガティブで、情緒不安定。不器用で傷つきやすいくせに、わざわざ自分から傷つきにいく。15歳の少女に2年もつきまとって婚約したのに、理由も告げず一方的に解消。ダメな自分に自己嫌悪しつつも、ニート生活は継続。そのくせ口だけは達者な、コペンハーゲン大学出の秀才……もうこんな人類いるのかと思うくらい厄介な人物、それがキルケゴールです。

　でも彼は、読み手から愛されます。「キルケゴールって、ほんとクズだよな」と語る時、みんなとても嬉しそうです。これはおそらく彼が、自分の弱さに悩む姿をさらけ出せる、稀有な人間だからです。自分の恥部を人に知られ、なおかつそれで悩む姿を人に見られる。それがどれほど難しいか。読み手はその難しさを本能的に感じ取るからこそ、彼に心をつかまれるのだと思います。

　そんな彼に敬意を表して、ここでは彼のめんどくさい性格を、非難も揶揄もせず、思い切って擁護してみましょう。

　彼をあんな人間にしたのは、間違いなく父親です。父の告白は衝撃的でした。「俺は若い頃、あまりの貧困に神を呪った。しかも妻が死んだ直後、神の前で愛も誓わず妻の下女に手を出し、子を産ませた。それがお前だ。そのせいで、俺は神に呪われた。だからうちの家族は全員、イエスが磔にされた34歳までに死ぬ。そして俺だけ生き残り、呪いの代償を思い知らされるんだ」。

　この時受けた強烈な精神的動揺が、有名な「大地震」です。キルケゴールはこの話を、何とここ2年間で6人中5人の兄弟を亡くした直後に聞かされました。立て続けに襲いくる不幸、そこに父の身勝手な告白、そして自分はまだ死んでいない兄弟のうちの1人、しかも「俺だけ生き残り」って何？　……これは誰でもおかしくなります。

　実際彼は、この話を聞いた後から、酒浸りの放蕩生活を始め、どんどんめんどくさい人間になっていきました。彼は全然悪くない！

PART 5

現代の思想
近代思想批判

ここまで見てきた近代西洋哲学は、確かに人間を理性化し、
私たちに物質的に豊かな社会をもたらしました。
でもそれは、100点満点の正解だったのでしょうか?
近代思想批判とは、現代社会を通して見る、
過去の理性化偏重主義の「答え合わせ」です。

啓蒙のゴールに警鐘 フランクフルト学派

> 精神分析学や弁証法を取り入れて
> ナチズム・管理社会を批判した

西洋近代思想がファシズムの土壌に

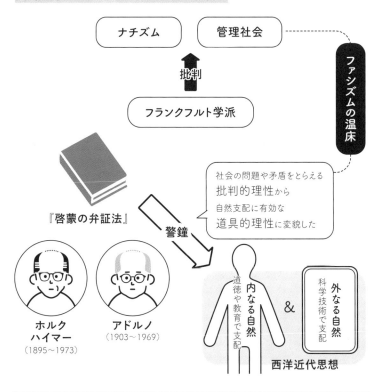

ナチズム　管理社会

批判

フランクフルト学派

ファシズムの温床

『啓蒙の弁証法』

警鐘

社会の問題や矛盾をとらえる
批判的理性から
自然支配に有効な
道具的理性に変貌した

ホルク
ハイマー
（1895〜1973）

アドルノ
（1903〜1969）

内なる自然
道徳や教育で支配

＆

外なる自然
科学技術で支配

西洋近代思想

批判的理性から道具的理性へ

フランクフルト学派は、1930年代にドイツの**フランクフルト社会研究所**に集まった、一群の思想家たちです。彼らの思想のベースにはマルクス主義がありますが、それを教条主義的（頭でっかち）にならないようリニューアルし、そこにフロイトの**精神分析学**（P230で後述）やヘーゲルの**弁証法**を加えて、社会批判を試みました。

メンバーのほとんどがユダヤ系だった彼らにとって、批判対象は、**ナチズムや管理社会**でした。とはいえ時代はナチズムの最盛期。

彼らは共産主義とユダヤ人が嫌いなヒトラーから攻撃対象と見なされ、亡命を余儀なくされます。しかし彼らは亡命先のアメリカからも批判を続け、1950年代にはドイツに戻り研究所を再建しています。

彼らの思想はマルクス主義的というより「**反権力的**」で、その鋭い批判と分析は、読み手の心に響きます。マルクス主義がお好きでない方も、ぜひ先入観なくお楽しみください。

『**啓蒙の弁証法**』は、**ホルクハイマーとアドルノ**の共著です。彼らによると、西洋近代思想は、全体的に人間を理性化する「**大いなる啓蒙運動**」であり、そのおかげで私たちは、「**外なる自然（外的環境）**」は科学技術で、「**内なる自然（感情や欲望）**」は道徳や教育で支配し、文明を進歩させてきました。

ところが私たちは、その過程で重視すべき理性を「**批判的理性**」（社会の問題・矛盾などを批判的にとらえる理性）から「**道具的理性**」（自然支配に有用な道具としての理性）へとシフトさせてしまいました。

これはまずいです。なぜならそれにより、私たちは、知的水準は高いが批判能力のない人間、言い換えれば「**物わかりがよく何でも受け入れる人間**」になってしまい、そこを権力につけ入られた結果、ファシズムが生まれてしまったからです。

人間はファシズムで苦しむために賢くなったわけではありません。啓蒙運動のゴールがファシズムなんて、進歩ではなく「**野蛮への退行**」です。『啓蒙の弁証法』は、こういう状況に警鐘を鳴らしたのです。

民衆の自由への不安を指摘したフロム

> ### ヒトラー支持の背景にあった サディズムとマゾヒズム

独裁者支持のメカニズム

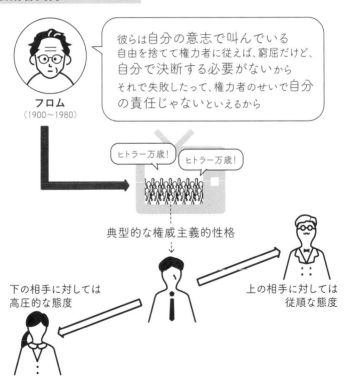

フロム
（1900〜1980）

彼らは自分の意志で叫んでいる
自由を捨てて権力者に従えば、窮屈だけど、
自分で決断する必要がないから
それで失敗したって、権力者のせいで自分
の責任じゃないといえるから

ヒトラー万歳！ ヒトラー万歳！

典型的な権威主義的性格

下の相手に対しては
高圧的な態度

上の相手に対しては
従順な態度

民衆に現れた権威主義的性格

前項に引き続き、フランクフルト学派について書いていきます。

『**自由からの逃走**』の著者**フロム**は、新フロイト派の社会心理学者でした。彼は、ナチズムに陥る人々の「**社会的性格**」を分析し、そこに「**自由への不安**」という共通点があることに気づきました。

確かに自由はすばらしい反面、「**すべてを自分で決断**」しないといけないため、とても孤独で、その責任は重くのしかかってきます。そうすると、そんな自由の重みに耐えられない人たちは、自由な決断が怖くなり、やがて驚くべきことに「**自ら権威に服従**」し始めるのです。

ナチス時代のドイツで、熱狂的に「**ヒトラー万歳！**」を叫ぶ市民の映像を見ると、私たちは「ああ、やらされてるな。かわいそうに」と思いますが、フロムの解釈は違います。あれは、自由に不安を抱いた大衆が「**自らの意志で熱狂的に万歳を叫んでいる**」のです。

なぜなら、自由を捨て服従すれば、窮屈な人生になるかわりに、「**人生が辛いのは、全部ヒトラーのせいだ**」と責任転嫁できるからです。

これがナチズムに陥る人の大衆心理「**権威主義的性格**」です。

さらに権威主義的性格には、「他者を服従させたい」というサディズム的傾向と、「他者に服従したい」というマゾヒズム的傾向が同居します。

「服従させたい」のは、自分の無力を痛感する「いちばん下」は嫌だから。「服従したい」のは、責任が重くて風当たりの強い「いちばん上」も嫌だからです。つまり権威主義的性格は、タイプ的には「上に従順で、下に厳しい」いや〜なタイプの人間として現れます。

心の弱い人は、重大な決断を迫られた時、「**自分で決める**」怖さよりも「**人に決めてもらう**」心地よさに惹かれます。

なぜなら後者の場合、失敗しても人のせいにできるからです。

確かに、同じ惨めな人生でも、自由に生きた結果なら「この辛さは全部自分のせい」となるけど、ナチスに服従した結果なら「この辛さは全部ヒトラーのせいだ」とできます。**後者の方が精神的に楽ですね。**

無自覚に生きるなかれ
2人の新フロイト派

▷ マルクーゼの一次元的人間批判と、
　ハーバーマスの合理性の分析

個人を支配する社会システム

一次元的人間

理性　　　社会
（主体）　（客体）

マルクーゼ
（1898～1979）

社会の中で生活しているため主体と客体が
一体化し、社会を客観視できない

現代社会はシステムの力が勝っており、生活世界を
抑圧している（生活世界の植民地化）。民主主
義復権のためには対等なコミュニケーションが必要

ハーバーマス
（1929～）

生活世界
コミュニケーション的
合理性（対等な対話
から生まれる）

システム
システム合理性
（特定の権力が働く、
非対等の関係から生まれる）

社会

公共性
民主主義の土台

公共性

🧠 自分が生きる社会といかに対峙するか

フロム同様、新フロイト派の論客に、**マルクーゼ**がいます。

マルクーゼは管理社会批判で有名なのですが、その際使われたキーワードが「**一次元的人間**」です。

まず彼は、本来社会と理性の関係は「**理性（主体）が社会（客体）を批判的にとらえるべきだ**」と考えます。ところが現実には、私たちはその批判すべき「社会の中に暮らし」ています。そのせいで、主体と客体が一体化（＝一次元化）し、社会を客観視できなくなっているのです。

こうして、社会を批判せず、無自覚に受け入れる人間を、マルクーゼは「一次元的人間」と呼んで批判したのです。

次は**ハーバーマス**です。彼はホルクハイマーやアドルノより後の、戦後になってから学派に入ってきた「第二世代」の代表的論客です。

彼がめざすものは、「自由で対等なコミュニケーションによる、**民主主義の復権**」です。彼によると、まず私たちが暮らすこの社会には、「**システム**（政治や経済といった制度）」と「**生活世界**（システム外に形成される私たちの生活の場）」という2つの領域があります。

そして、システムには「**システム合理性**」、生活世界には「**コミュニケーション的合理性**」と、それぞれに別種の合理性があります。

彼によると、民主主義の土台には「**公共性**」（自由な集いの中から生まれる「みんなのため」という方向性）が必要なのですが、これは「コミュニケーション的合理性（対等な対話から生まれた合理性）」からしか生まれません。システム合理性には、常に権力という「特定の誰かの力」が働き、対等ではないため、公共性も生まれないからです。

しかし現代は、政治と経済の役割が大きくなりすぎ、システムの力が勝って、生活世界を抑圧しています（**生活世界の植民地化**）。

これでは、民主主義の復権も望めません。

だから彼は、民主主義再建のためにも、システムから自立した**自由で対等なコミュニケーション**を復活させようと説いているのです。

人間を個人ではなく構造でとらえる構造主義

▷ 社会構造を通すことで西洋文明が見過ごしてきた問題点をあぶり出す

構造主義とポスト構造主義

ストロース
（1908～2009）

構造主義的とは?

→ 社会構造を通して人間をとらえる考え方

未開地
・掟やタブーのため現状を変えない
・野生的

変える必要がない
優れた社会なのでは?

西洋文明
・変革のエネルギーに満ちている
・科学的

問題点を多く抱える
不完全な社会なのでは?

フーコー
（1926～1984）

かつての社会は狂気を疎外することはあっても排除はせず、崇めることもあった

ポスト構造主義的とは?

→ 社会で拒否され排除されている要素に着目

かつての
疎外 社会の体系

狂気

現在の
排除 社会の体系

狂気

既存の価値観の相対化を進めた

レヴィ・ストロースは、**構造主義**の創始者です。構造主義とは、**人間を個人としてとらえず、社会構造を通してとらえる**考え方です。

この思想は、**西洋を絶対視する風潮への批判**から生まれました。

西洋人の中に「自分たちは優れている。未開地の連中は劣った奴らだ」と考える人がいますが、もしそれが科学的・野生的という部分の違いで見た結果ならば、その判断は誤りです。

なぜならそれは「あり方の違い」であって、優劣ではないからです。

さらにいうなら、「西洋は変革のエネルギーに満ちた〝熱い社会〟だから優れている。未開地は掟やタブーのため現状を変えようとしない〝冷たい社会〟だから劣っている」もおかしいです。

なぜならこれは、視点を変えれば「**変えたがる＝現状に不満／守りたがる＝現状に満足**」ともとれるからです。ふつう、現状に満足している方が、優れた社会ですよね？　このように、社会構造を通して見ると、色々違って見えてくるのです。

対して**フーコー**は「**ポスト構造主義**」の第一人者です。

ポスト構造主義とは、**社会をネガティブな面からとらえる**新しい構造主義です。その時々の権力者や大多数の人々から「こうあるべき」と思われている〝社会の体系（システム）〟があるとすれば、その**システムによる抑圧**を批判し、そこからの脱出を図る考え方です。

ポスト構造主義が注目するのは、社会の中で何が評価され、肯定されているかではありません。「**何が拒否され、何が疎外されているか**」です。そこでまずフーコーが注目したのが「**狂気**」です。

かつて世界は、狂気に対して寛容でした。**疎外されることはあっても排除はされず**、時にはシャーマンのように、崇められる者もいました。ところが、17世紀に施術院という「**装置（システムに導く触媒）**」が建設されてからは、狂人などの「システムへの不適合者」は閉じ込められ、**社会から排除**されました。さらにフロイトの精神分析学以降、狂気は「病気」と見なされ、さらに排除された、というわけです。

失われた可能性に着目 ポスト構造主義

> 切り捨てられてきた性や 可能性の解放を主張

デリダとドゥルーズのポスト構造主義

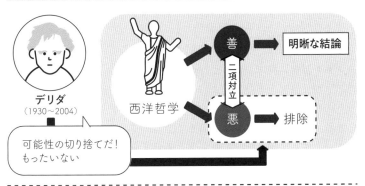

デリダ
（1930〜2004）

西洋哲学

善 → 明晰な結論

二項対立

悪 → 排除

可能性の切り捨てだ！ もったいない

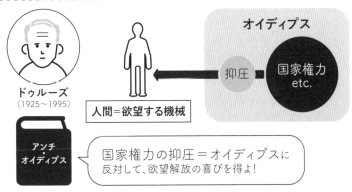

ドゥルーズ
（1925〜1995）

オイディプス

国家権力 etc.

抑圧

人間＝欲望する機械

アンチ オイディプス

国家権力の抑圧＝オイディプスに 反対して、欲望解放の喜びを得よ！

従来の構造のあり方を問うた

前項で見た「システムからの排除」は、性についても起こりました。

いつしか社会は、性行為を「**国力強化（つまり人口増加）の手段**」としてのみ受け入れ、それ以外は「**変態・倒錯・異常（つまり狂気）**」として排除したのです。

こうして、本来自由であるはずの性は、結婚という装置を媒介に、**家族というシステムの中に閉じ込められてしまった**のです。

フーコーは「**反人間主義者（アンチ・ヒューマニスト）**」とも呼ばれます。彼にとっては、人間は自由な存在ではなく、その時々の権力が生み出したシステムに囚（とら）われた〝不自由な存在〟なのです。

このように、「**権力が作り出すシステムに従うのが理性的、外れるのが狂気**」という図式で、社会構造を分析するのがフーコーです。

デリダも、ポスト構造主義者です。「**脱構築（基礎を崩す）**」という言葉で知られるデリダですが、彼が否定的にとらえ、脱構築しようとしたものは「**西洋哲学の構造**」です。

従来の西洋哲学は、「明晰な結論」をよしとしてきました。しかし明晰さは、「**可能性の切り捨て**」ともいえます。つまり、思考中に浮かんだ多くの可能性は、明晰な結論とともに切り捨てられているとも考えられるのです。これはもったいないですね。

だからデリダは、西洋哲学が再考すべきものとして、「**二項対立（是非・善悪などで割り切る考え方）**」「**ロゴス中心主義（言葉で説明しようとする態度）**」などを挙げ、そのあり方を批判したのです。

ドゥルーズもポスト構造主義者で、倫理という科目の中では『**アンチ・オイディプス**』（精神分析家ガタリとの共著）の著者として扱われます。同書によると、人間は「**欲望する機械**」であり、エスやリビドーなどの無意識の欲望（P230で後述）に動かされる存在です。

そして、その欲望を抑圧する国家権力などを「**オイディプス**」（フロイトの用語。男子が母の愛を独占するための障害となる父）ととらえ、それに反対して**欲望解放の喜びを得よ**と、私たちに訴えています。

公正としての正義とは
公共哲学者ロールズ

▷ **ヴェールに包まれた原初状態から 2つの原理が導かれる**

正義が実現する状態は

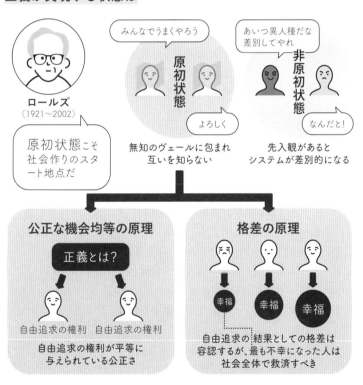

ロールズ
（1921〜2002）

原初状態こそ社会作りのスタート地点だ

みんなでうまくやろう

原初状態

よろしく

無知のヴェールに包まれ互いを知らない

あいつ異人種だな差別してやれ

非原初状態

なんだと！

先入観があるとシステムが差別的になる

公正な機会均等の原理

正義とは？

自由追求の権利　　自由追求の権利

自由追求の権利が平等に与えられている公正さ

格差の原理

幸福　幸福　幸福

自由追求の結果としての格差は容認するが、最も不幸になった人は社会全体で救済すべき

「機会均等」と「格差の原理」

ロールズは「公共哲学者」と呼ばれます。

公共とは「公と私の間の領域」という意味ですから、公共哲学とは「社会と個人の間であるべき姿を探る哲学」という意味になります。

彼が社会と個人の間に求めたのは「公正としての正義」。これはベンサム（P96）の量的功利主義への批判と見ればわかりやすいです。

ベンサムは功利主義で、「最大多数の最大幸福」を効率よく実現することをめざしましたが、その際彼がやったことは、個々人の快楽量をどんどん足しただけです。一人ひとりの快楽の差異も吟味してないし、せっかく測った快楽量の、個々人への還元方法も示していません。

そう考えると、個々を尊重する意識に乏しく、成員の合意も軽視する功利主義では、正義の実現した社会は作れません。

そこでロールズは、社会契約説（P84）的アプローチで、「公正としての正義」の実現した社会をめざしたのです。

まず彼は、社会作りのスタートラインとなる合意の場を「無知のヴェールに包まれた原初状態」と設定しました。

これは、その社会の面々が、互いのことを何も知らず、相手に対する先入観が一切ない状態です。なぜそんな場が必要かというと、例えば「あいつらはユダヤ人だから」みたいな情報が先にあると、彼らを差別する前提の社会作りになりかねないため、それを避けるための配慮です。これで合理的判断が期待できます。

そして、そこで社会と個人のあるべき姿について、互いへの先入観なく話し合われれば、2つの原理が導かれるはずです。

まず1つめは「正義とは、自由追求の権利が平等に与えられている公平さのことである」という「公平な機会均等の原理」です。

そしてもう1つは「その自由追求の結果としての格差は容認するが、最も不幸になった人は、社会全体で救済すべき」という「格差の原理」です。ロールズは公共哲学者として、こういう社会作りを提唱したのです。

アジア経済発展の礎 非欧米系思想

> 西高東低の人種的優劣観から脱し
> 福祉・経済システムを構築した

東洋の発展を支えた思想・構想

サイード
（1935〜2003）

オリエンタリズム

西洋人は自分たちを優れた世界の支配者、東洋人をユニークだが劣った存在と見下し、威圧・支配している

セン
（1933〜）

アジアの発展には、人間の潜在能力を高める必要がある

潜在能力とは？

人間が幸福な生活をするために、どうありたいか・何をしたいかを結びつける能力

それを獲得するために必要なのが……

福祉（特に「人間の安全保障」）

人間の生活・生存・尊厳を脅かすあらゆる脅威への対処が大切

ユヌス
（1940〜）

貧困から脱する経済システム「マイクロクレジット」を考案した

マイクロクレジットとは？

お金貸すよ

グラミン銀行

少額

無担保

借りたい！

連帯責任

アジア発展に寄与した思想家たち

ここでは、非欧米系の思想について見てみましょう。

サイードはアメリカ人ですが、元々の出自は「パレスチナ人（イスラエル生まれのアラブ人）」です。彼は著書『**オリエンタリズム**』で有名ですが、これは「**西洋目線で見た、歪んだ東洋人観**」という考え方です。彼は同書で、西洋人は自分たち（我ら）を「優れた世界の支配者」、東洋人（彼ら）を「ユニークだが劣った奴ら」ととらえ、無自覚に東洋を威圧・支配していると指摘しました。

次に**セン**は、**アジア人初のノーベル経済学賞受賞者**となった、インドの経済学者です。彼は、今後のアジアの発展には、まず人間的発展の実現が必要であり、そのためには、人間の「**潜在能力（ケイパビリティ）**」を高めることが必要だと説きました。

センによると、潜在能力とは、例えば基礎教育や医療のような「**人間が幸福な生活をするために、どうありたいか・何をしたいかを結びつける能力**」であり、それを身につけ、幸福な生活を実現するための手段が「**福祉**」であると考えました。

特に彼は福祉の中でも「**人間の安全保障**」を重視しましたが、これは軍事的な安全保障ではなく、「**人間の生活・生存・尊厳を脅かすあらゆる脅威への対処**」のことです。確かに人間の安全保障は、潜在能力発揮の場を作るためにも必要です。

ユヌスはバングラデシュの経済学者で、彼もセンに続き、**アジア人としてノーベル平和賞を受賞**しています。彼は、人々が貧困から抜け出すためのシステムとして「**マイクロクレジット**」を考案しました。

マイクロクレジットとは「**少額・無担保・連帯責任のグループ貸し**」という銀行融資のシステムで、実施主体は「**グラミン銀行**」です。

確かに、地域の小集団ごとに連帯責任で貸すのは、いい手法です。

なぜなら、地域社会の仲間なら、励まし合いや裏切れない責任感なども生じ、**返済が滞らないことが期待される**からです。実際グラミン銀行への返済率は、98％という驚異的な数字を記録しています。

COLUMN

「自由への希求」

　フロムの名著『自由からの逃走』──このタイトルを見ると、私は代ゼミ講師になったばかりの頃を思い出します。

　私は自由を求めて、代ゼミ講師になりました。「背広を着たくない。朝早く起きたくない。週5で働きたくない」──我ながら身の毛もよだつクズっぷりですが、私はその崇高な自由のために死に物狂いで努力し、ついに29歳の時、その地位を手にしました。

　手にした自由は、すばらしいものでした。しかしすぐに、いいことばかりではないことにも気づきました。講師の雇用は正社員ではなく「業務委託契約」、簡単にいえば、フリーターに毛の生えた程度です。

　毎年容赦なく切られる仲間たち、年金も医療保険もない労働環境、住宅ローンやカードの審査に通らない社会的信用のなさ……自由の代償として私を待ち受けていたのは、あまりにも厳しい現実で、私はたちまち「自由への不安」に襲われました。

　「会社員になろうかな……」──私は悩みました。なに、ほんのちょっとあり方を変えるだけで、信用も社会保障も得られるんだ。ただ毎朝早く起きて背広を着て週5で働くだけで……。

　「いかん、これでは〝自由からの逃走〟だ！」──あまりの嫌さに、私はハッと我に返りました。危ない危ない、私はあやうく、自ら権威に服従するところでした。すでにクズ度が全身に転移していた当時の私には、服従の具体的内容は耐え難いものだったのです。

　私は気を引き締め、自由の敵と全力で戦うことにしました。税理士と相談し、自ら法人を作り、その法人で健康保険と厚生年金に加入し、自ら退職金を積み立て、住宅ローンはカタギである妻の名義で組み……途中何度も挫けそうになりましたが、自らが求める崇高な自由のため、私は某クリニック院長のCMばりにアクティブに動き回りました。

　気がつけば、今の私は、クズで居続けるために誰よりも努力する、訳のわからない代物になっていました。私は何がしたいのでしょう？

PART 6

日本の思想・宗教
飛鳥〜鎌倉時代

ここからは世界から目を転じ、我が国の思想を見ていきましょう。
まずは仏教伝来と、日本社会への定着・変質などです。
「日本の思想は面白くない」と決めつける人がいますが、
食わず嫌いはよくないですね。
ちゃんと学ぶ気で学べば、面白くない思想など1つもありません。

仏教に基づく国作りをめざした聖徳太子

> 豪族間の対立を解消するために仏の教えを活用した

十七条憲法は役人の心得集

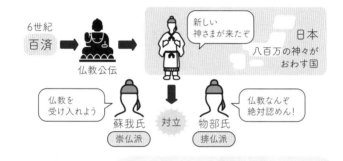

6世紀 百済 → 仏教公伝 → 新しい神さまが来たぞ

日本 八百万の神々がおわす国

仏教を受け入れよう

蘇我氏 崇仏派 — 対立 — 物部氏 排仏派

仏教なんぞ絶対認めん!

私は仏教に基づく国作りをめざすぞ

聖徳太子
（574〜622）

十七条憲法

一に曰く、和をもって貴しとなす
　　　　（協調性を重視せよ）

二に曰く、篤く三宝を敬え
　　　　（仏教の三つの宝である
　　　　仏陀・真理・僧侶を尊重せよ）

十に曰く、我必ずしも聖に非ず
　　　　（人間はすべて不完全な存在だ）

→いわば役人たちの心得集

日本にやってきた「新しい神さま」

　神と仏の違い、わかりますか？　答えは「**神＝人知を超えた何者か（万物の創造主や自然現象など）**」、「**仏＝悟りを開いた〝人〟**」です。

　私たちですら曖昧なのですから、イザナギやイザナミといった「神の国」の民であった古代の日本人には、もっと区別できませんでした。

　ですから、仏教は538年に百済の聖明王から伝えられましたが、当初仏は完全に「外国から来た神さま」扱いで、人々は仏に対し五穀豊穣や国家安泰、また健康や財産といった「**現世利益**」を祈願しました。

　でもよく考えたら、これらはすべて「**煩悩（＝執着心）**」です。

　祈られる仏さまからしたら、そんなの俺じゃなくて神に頼めよという気分だったでしょう。

　その後仏教は、蘇我氏（崇仏派）・物部氏（排仏派）といった豪族間での「**仏教を受け入れる・受け入れない論争**」（＝崇仏論争）を経て、最終的には**聖徳太子**により本格的に受容されていきます。

　聖徳太子がめざしたのは、仏教に基づく国作りです。

　そこで彼が作ったのが「**十七条憲法**」でした。これは、豪族も含めた「**当時の役人の心得集**」です。

　そこには「**和をもって貴しとなす**」（協調性を重視せよ）、「**篤く三宝を敬え**」〔仏教の３つの宝（仏陀・真理・僧侶）を尊重せよ〕、「**我必ずしも聖に非ず**」（人間はすべて不完全な存在だ）などが並びますが、これらを見ると、当時は豪族間の仲が悪く、仲よくさせるために仏教を利用しようとしたことがうかがえます。

　また聖徳太子は「**世間虚仮、唯仏是真**」（現世はうつろいゆく仮のもの。ただ仏の教えのみが真実）という言葉を遺したとされますが、これなどは「**諸行無常**」（万物は絶えず変化し、生滅する）を表しており、ひょっとしたら「仏教＝現世利益」だったこの時代、太子だけは唯一「**仏教の本質を理解**」していたのではないかといわれますが、今日の研究では「厩戸皇子は実在したが、数々の超人的なエピソードは後世に付け足された架空のもの」と考えられているようです。

腐敗した仏教を 切り離した桓武天皇

> 奈良仏教の実質的国教化と腐敗
> 苦悩した桓武天皇は密教に執心

奈良仏教から平安仏教へ

奈良仏教 　**鎮護国家 → 仏の力で災厄を鎮め、国を護る**

・全国に国分寺・国分尼寺を建立
・奈良東大寺に大仏を建立
・唐から鑑真を招く

聖武天皇
（701〜756）

・権力化→政争の道具へ
・怪僧・道鏡が孝謙天皇に接近
・学問仏教「南都六宗」の
　政治権力拡大 etc.

称徳天皇
（718〜770）

腐敗

平安仏教 の誕生　**桓武天皇の遷都により平安京で発展**

桓武天皇
（737〜806）

> 南都六宗を平城京に残して政治を独立させ、
> 仏教は平安京で新しいものを発達させるぞ！

平城京
政治機能
南都六宗

遷都
784年 → 長岡京

遷都
794年

平安京
政治機能
平安仏教

平安京遷都の本当の狙い

飛鳥時代に受容された仏教は、奈良時代に完全に定着します。

奈良仏教の核心は「鎮護国家」です。これは「仏の力で災厄を鎮め、国を護る」という思想で、**聖武天皇**によって推進されました。

聖武天皇は、当時の天然痘の大流行を「為政者である私のせいだ」と考え、日本全国に**国分寺と国分尼寺**を建立し、その総本山である奈良東大寺に**大仏**を建立しました。さらに彼は、唐から高僧・**鑑真**を招くなど仏教保護に尽力し、この時代、仏教は非常に栄えました。

しかしこの国教化ともいえる流れのせいで、**仏教は腐敗**していきます。政治と密接に結びつき、権力闘争の道具となってしまったのです。実際奈良仏教は、怪僧・**道鏡**の称徳天皇への接近や、学問仏教「**南都六宗**」の政治権力拡大などで、おかしくなっていきます。

こうした腐敗への革新運動として現れたのが、平安仏教です。

平安仏教の推進者は、**桓武天皇**でした。桓武天皇は平安京に遷都した天皇ですが、これは南都六宗が力を持ちすぎていた**平城京から都を移すことで、政治と仏教を切り離す**試みでした。

さらに桓武天皇といえば**密教**ですが、密教とは何でしょう?

まず仏教には、顕教と密教があります。顕教とは一般の仏教全般のことで、「**宇宙の根本仏の化身である釈迦が、その教えを人々にわかりやすく説いた教え**」です。

それに対して密教は「**宇宙の根本仏である大日如来が、自らの言葉（古代インドの梵語）・レベルのまま説いた教え**」です。ということは、密教は知らない言語でハイレベルな教えが説かれるわけですから、一般人には理解不能な神秘的な教えです。

桓武天皇は、異常なほど密教に執着したといわれています。

おそらく重臣の死や弟の死、蝦夷討伐の失敗、自らの病などが重なったため心が弱り、**呪術色が強い密教が魅力的に映った**のかもしれません。そして彼が密教に執着したおかげで、この後平安仏教には、最澄と空海という二大スーパースターが登場します。

密教を日本に伝えた最澄と空海

> 最澄は誰もが仏になれると説き、
> 空海は理解ではなく体得が要と説く

天台宗と真言宗の教え

天台宗 **一乗思想** 仏の真実の教えはただ1つ。どんな衆生も仏になり得る。

反論

法相宗 **三乗思想**
人間には仏性を持つ者、持たない者、持っているかわからない者がいるため、万人が成仏はできない。

最澄
（766〜822）

真言宗 教えは理解するものではなく体得するもの。そのために三密の修行を行う。

空海
（774〜835）

三密とは

身 身体を使った修行。両手で印契を結ぶ。

口 口を使った修行。両手で印契を結び仏の真言を唱える。

意 心を使った修行。両手で印契を結び真言を唱えながら心で仏の姿や功徳を観ずる。

この3つが合わさると大日如来と一体化、教えを体得できる。

三密で体得する密教

最澄は天台宗（台密）の祖です。中心経典は『**法華経**』。法華経といえば日蓮宗が浮かびますが、実は法華経は最も人気の高い大乗経典の１つで、様々な宗派が法華経を使っているのです。

そして、その天台宗の中心思想が「**一乗思想**」です。これは「**仏の真実の教えはただ１つ。どんな衆生も仏になり得る**」という考え方で、法華経に出てくる「**一切衆生悉有仏性**」（生きとし生ける者はすべて仏になり得る本性を持つ）を根拠とします。

法相宗の僧・徳一は「三乗思想」（人間には仏性を持つ者・持たない者・持っているかわからない者がいるため、万人が成仏はできない）を説きましたが、最澄はこの一乗思想で反論したのです。

空海は真言宗（東密）の祖で、中心経典は『**大日経**』です。

真言宗は天台宗よりも、はるかに密教色が強いです。まず真言宗では、教えは理解するものではなく「**体得**」するものです。なぜなら前項で述べた通り、密教は「**知らない言語でハイレベルな教え**」のため、頭では理解できないからです。そこで私たちは、教えを体得するために、「**三密（身・口・意）**」という修行をします。

三密とは、「３つの秘密めいた修行」という意味です。

まず「**身**」は**身体を使った修行**、これは忍者のように、手で印契を結びます。続いて「**口**」は**口を使った修行**、これは手で印契を結んだまま、「ノウマクサンマンダ……」みたいな仏の真言（仏さまの言語である梵語）を、意味がわからなくても唱え続けます。

そして最後は「**意**」。**心を使った修行**で、手で印契を結び、口で仏の真言を唱えつつ、心の中で仏さまの姿や功徳を観ずるのです。

そして、この３つが合わさると、私たちの中に仏さまの不思議な力が加わり保たれ（**三密加持**）、最終的に大日如来と一体化（**即身成仏**）できるのです。

そして仏と一体化できれば、頭では理解できなかった深遠な教えも「体得」できているはずです。これが密教中の密教・真言宗です。

末法思想が広がり関心は極楽浄土へ

> 平安仏教は密教の隆盛、本地垂迹説、末法思想という流れで進んだ

神仏習合から末法思想へ

遣唐使による交流のあった時期

唐 → 文化 → 日本 日本文化

唐 ← 遣唐使 ← 日本 唐物

別モノ

「神は、世の人を救うために仏が姿を変えてこの世に現れたもの」

遣唐使廃止後（894年〜）

日本 日本文化 唐物 融合 → 国風文化の誕生

神仏習合思想の誕生

神仏習合で神と仏の力関係を示した

本地垂迹説

平安時代末期

末法思想とは

仏陀

教（教え） → 約1500年経過 → 教 これだけ残った

行（修行） → 成し遂げられない

証（悟り） →

賞味期限切れだ

世が乱れる!!

浄土信仰へ

🧠 現世利益から浄土信仰へ

平安時代は、仏教にとって色んなことがありました。

まず初期は、最澄や空海による密教の隆盛。そして中期は「**本地垂迹説**」です。本地垂迹説は神と仏の力関係を示す説で、「**仏こそが真。神は仏の仮の姿**」とする考え方です。

この時代、**遣唐使の廃止**（894年）により、それまで「**唐物**」として区別されていた外来文化が日本文化に消化・吸収されて融合し、日本独特の文化（**国風文化**）が形成されました。

その時、外来の「仏」と日本の「神」が融合した「**神仏習合**」思想も誕生し、その力関係を表したものが「本地垂迹説」です。ちなみに元寇（蒙古襲来）の際には、「神風がフビライ・ハンを追っ払った。やはり日本は神の国だった」という「反本地垂迹説」も登場します。

そして、平安時代末期といえば「**末法思想**」です。

末法思想は一種の終末思想で、要約すると「**お釈迦さまが死んで年数が経ちすぎたため、仏法の賞味期限が切れ、世が乱れる**」とする思想です。正確には仏教の「**教（教え）・行（修行）・証（悟り）**」のうち、教だけがむなしく残り、誰も行と証を成し遂げられない時代です。

ちなみに末法元年とされた年は1052年。当時の人々は「あと数年で世の中がめちゃめちゃになる」という思想を信じてしまったのです。

こんな話を聞かされたら、もう現世に希望は見出せません。だから人々は、こう望みました。「穢れてしまった現世はもう嫌だ。極楽浄土に往生したい！」――これが「**浄土信仰**」です。

日本仏教が、現世利益中心から、来世にすがりついた瞬間です。

ただし時代は、行と証のない末法。自力救済は望めません。だから私たちは、阿弥陀仏の他力救済にすがるのです。

その際に発するコールサインは「**南無阿弥陀仏**」（私は阿弥陀さまに帰依します）。これさえ聞けば、阿弥陀さまが私たちを極楽浄土に導いてくれます。なぜ阿弥陀さまかというと、極楽浄土は数ある浄土（仏の国土）の中でも「**阿弥陀さまの国土**」だからです。

末法の世の生き方を
探る鎌倉仏教

▷ 煩悩にまみれた凡夫を救済対象とし
阿弥陀仏にすべてを委ねる

阿弥陀にすがる浄土宗と感謝する浄土真宗

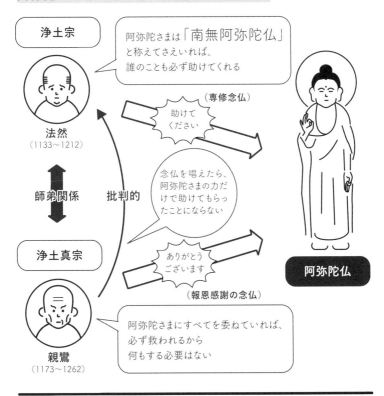

浄土宗

阿弥陀さまは「南無阿弥陀仏」と称えてさえいれば、誰のことも必ず助けてくれる

法然
（1133～1212）

（専修念仏）

助けてください

師弟関係　批判的

念仏を唱えたら、阿弥陀さまの力だけで助けてもらったことにならない

浄土真宗

ありがとうございます

（報恩感謝の念仏）

阿弥陀さまにすべてを委ねていれば、必ず救われるから何もする必要はない

親鸞
（1173～1262）

阿弥陀仏

法然と親鸞で微妙に異なる立ち位置

鎌倉仏教には「**末法の世をどう生きるか？**」という明確なテーマがあります。鎌倉仏教のスターといえば法然・親鸞・道元・日蓮の4人ですが、それぞれどういう生き方を示していくか注目しましょう。

浄土宗の祖・**法然**は「**専修念仏**」、つまり「**ただひたすら南無阿弥陀仏と称えることで、阿弥陀さまに助けてもらおう**」と説きました。

末法の世の凡夫には、修行して悟りを開いての自力救済は困難です（難行道）。しかし、念仏に専念しての他力救済なら、誰にでも簡単にできます（易行道）。

そして阿弥陀さまは、私たちの念仏を聞けば、助けてくれます。なぜなら阿弥陀さまは、若い修行僧の頃「**一切衆生（この世に生きているすべてのもの）を救済する**」という誓い（弥陀の本願）を立てているからです。だから念仏さえ聞きつければ、必ず助けてくれるのです。

浄土真宗の祖・**親鸞**は、法然の弟子で、「**善人なおもて往生をとぐ、いわんや悪人をや**」という「**悪人正機説**」で有名です。ただしこの「悪人」は犯罪者という意味ではなく「宗教的悪人」、つまり煩悩まみれの不完全な存在である「凡夫（煩悩具足の凡夫）」のことです。

つまり悪人正機説とは「**凡夫こそが真の救済対象**」という意味です。

仮に私たちが「宗教的善人」（自力で修行し悟りを開ける「自力作善の人」）ならば、阿弥陀さまの救済などいりません。しかし**末法の人間はすべて悪人**です。

ならばその悪人を救うことが「弥陀の本願」と信じ、私たちはじたばたせず、阿弥陀さまに「すべてを委ねる（**絶対他力**）」、つまり100%阿弥陀さまの力で助けてもらう態度でいればいいわけです。

ちなみに親鸞は、師・法然の他力の教え「念仏を唱えれば救われる」の姿勢に批判的でした。なぜならその考えだと、念仏が若干「**自力の要素**」になってしまっているからです。だから親鸞の南無阿弥陀仏は「阿弥陀さま、助けてください」の自力ではなく、「阿弥陀さま、助けてくれてありがとう」と感謝を示す念仏（**報恩感謝の念仏**）なのです。

坐禅か唱題か
曹洞宗と日蓮宗

▷ 道元は末法思想を否定し、
　日蓮は国家の救済を訴えた

世界を知ろうとした曹洞宗・支えようとした日蓮宗

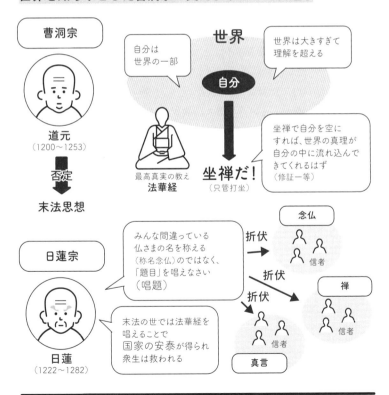

曹洞宗

道元
（1200〜1253）

↓否定

末法思想

自分は
世界の一部

世界

自分

世界は大きすぎて
理解を超える

最高真実の教え
法華経

坐禅で自分を空に
すれば、世界の真理が
自分の中に流れ込んで
きてくれるはず
（修証一等）

坐禅だ！
（只管打坐）

日蓮宗

日蓮
（1222〜1282）

みんな間違っている
仏さまの名を称える
（称名念仏）のではなく、
「題目」を唱えなさい
（唱題）

末法の世では法華経を
唱えることで
国家の安泰が得られ
衆生は救われる

念仏

折伏

信者

折伏

折伏

禅

信者

信者

真言

🧠 独自のアプローチをとる２人

前項に引き続き、鎌倉仏教です。

曹洞宗の祖・**道元**は、４人の中で唯一**末法思想そのものを否定**し、「人々皆仏法の器なり（人はみんな仏道修行の器量あり）」と説きました。その上で彼が説いたのが「**只管打坐**」、これは「**ただひたすら坐禅する**」という意味です。

まず道元の世界観では「**世界と自分は表裏一体**」です。つまり世界と自分の関係を、「世界はすべてを包むもので、自分はその世界の中の一部」というふうに「**全体と部分**」の関係でとらえたのです。

その上で、彼はこう考えました。

「自分は世界の真理を会得したい。でも世界は大きすぎて、自分の理解を超える。ならば坐禅だ。もしも自分と世界が本質を同じくするならば、坐禅で自分を空っぽにすれば（**身心脱落**）、まるで浸透圧のように、世界の真理の方から自分の中に流れ込んできてくれるはずだ」

——そう考えると、**坐禅は修行であると同時に悟りです**（**修証一等**）。このように、末法の世にぶれることなく自己の完成を追求したのが道元です。

日蓮宗の祖・**日蓮**は、４人の中で唯一、個人よりも「**国家の救済**」を訴えた人です。彼は「法華経（妙法蓮華経）こそ最高真実の教え」という法華至上主義の下、正しい教えである法華経を広めることで国家を安泰にする「**立正安国**」をめざしました。

その実現のために、彼が人々に説いたのが「**唱題**」です。唱題とは、例えば法然や親鸞で見た南無阿弥陀仏の「**称名念仏**（仏さまの名を称える）」ではなく、「**南無妙法蓮華経**」と「**題目**（お経のタイトル）を唱える」ことです。日蓮の考えでは、末法の世では、この唱題によってのみ衆生は救われます。

しかしそうなると、他宗を信じている人は間違っていることになります。だから彼は、激しい「**折伏**」（他宗批判）で他宗を信じる人々の目を覚まさせ、日蓮宗に帰依するよう強く呼びかけたのです。

COLUMN

「君は地獄を知っているかい？」

　末法思想とは、釈迦の死後、どんどん仏法が失われていき、ついに1052年からは、荒廃した社会がその後1万年間も続くという、一種の終末思想です。天台宗の僧・源信は『往生要集』で、来るべき末法の世を凄まじい地獄の描写で示し、そこから救われたくば極楽往生を念じよと、観想念仏の必要性を説いています。

　私は先日、都内のマンションに転居しました。せっかくだから家具一式買い替えようと妻と相談した結果、入居予定日前に現地に届けてもらい、私がそこで受け取ることになりました。

　受け取り日の朝8時、部屋はまだ空っぽでした。私はその「精神と時の部屋」みたいな空間で、今日の搬入予定をおさらいしました。今日の正念場は、午前中のAmazonからの宅配便の大群と、午後の家電製品の大群です。その合間にベッドとソファーとテレビ台とキッチンボードが届き、さらにガスの開栓に立ち会う――なかなかミラクルな1日です。

　最初の2時間は、ガスの開栓だけでした。私は、持参した段ボールをデスクがわりに、まだカーテンのない部屋で外を眺めながら、「いい景色だなあ」と、心穏やかに原稿を書いていました。

　しかし午前10時頃から、釈迦の法力が切れ始めました。Amazon便の大群です。次々と襲いくるAmazonの箱、延々と開け続ける段ボール、これがAmazon地獄です。私は平和な時代の終わりを悟りました。

　午後になると、地獄がさらに本格化します。家電と家具が一気に押し寄せ、玄関先はまるでドリフのコントです。午後2時過ぎがピークで、その時部屋の中は、お互い顔見知りでもない男たちが7人もいる異常事態になっていました。外では誰かが「ソファー入んねえぞ！」と怒鳴っています。これを地獄と言わずして、何が地獄でしょう。私は思わず「南無阿弥陀仏……」と念仏を唱えました。

　結局我が家が極楽浄土になったのは、翌日の夕方でした。1万年続かなかっただけよしとしましょう。念仏のおかげかな。

PART 7

日本の思想・宗教
江戸時代

さて、ここからは江戸時代です。
徳川家の治世の下、世情はまさに、天下泰平。
この時代、なぜ日本は仏教から儒教中心になったのか、
儒教に対する国学とはどういう思想か、民衆思想はあったのか、
幕末にはどんな思想が登場したのか……見どころいっぱいです。

泰平の世で朱子学を大成させた林羅山

> 江戸幕府の求める秩序構築と
> 理想が一致し御用学問へ

社会背景が変化でより実用的な思想へ

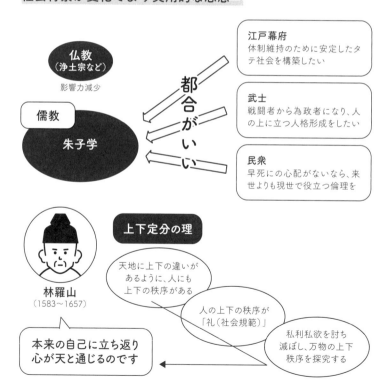

仏教
（浄土宗など）

影響力減少

儒教

朱子学

都合がいい

江戸幕府
体制維持のために安定したタテ社会を構築したい

武士
戦闘者から為政者になり、人の上に立つ人格形成をしたい

民衆
早死にの心配がないなら、来世よりも現世で役立つ倫理を

林羅山
（1583〜1657）

上下定分の理

天地に上下の違いがあるように、人にも上下の秩序がある

人の上下の秩序が「礼（社会規範）」

私利私欲を討ち滅ぼし、万物の上下秩序を探究する

本来の自己に立ち返り心が天と通じるのです

「上下定分の理」で身分差別を正当化

時代は室町・安土桃山を経て江戸時代です。

日本は仏教中心から儒教（P54）中心の国へとシフトしました。理由は色々ありますが、いちばん大きな理由は、時代が「**戦国時代から天下泰平期へとシフト**」したためです。

まず戦乱の世が終わったことで、武士が戦闘者から為政者_{（いせいしゃ）}になりました。なら今後は「**人の上に立つ存在**」になるわけですから、仏教よりも「**人格形成に向いた学問**」、つまり儒教が必要になります。

また、死が身近だった戦国時代には、民衆の興味は来世に向かうしかありませんが、天下泰平なら、死は身近とはいえません。ならば来世を説く仏教よりも、**現世の世俗的倫理を説く**儒教が求められます。

さらに幕府も、徳川による天下統一が実現した以上、タテ社会の秩序をがっちり構築したがります。ならばやはり仏教よりも儒教、それも**タテ型の秩序作りに最もうるさい朱子学**（P58）がうってつけということになります。というわけで、江戸時代の日本の思想は、朱子学からスタートしました。

日本の朱子学の祖といえば藤原惺窩_{（ふじわらせいか）}ですが、大成者といえば、その弟子の林羅山_{（はやしらざん）}になります。彼は家康から家綱まで徳川４代に仕え、「**朱子学＝官学**」（幕府の御用学問）の地位を確立しました。

林羅山といえば「**上下定分の理**_{（じょうげていぶんのことわり）}」です。これは、自然界の当たり前の秩序（＝理）として、天と地に上下の違いがあるように、人間の身分にも上下差別の秩序があるという「**身分差別を正当化**」**する考え方**です。そして、この考えに従って形成された秩序こそが「**礼（社会規範）**」であり、これが失われると国は乱れ、滅びます。

そして、その礼を実現するため、私たちは私利私欲を討ち滅ぼし（**存心持敬**_{（そんしんじけい）}）、万物に備わる上下秩序を探究（**窮理**_{（きゅうり）}）します。これができれば本来の自己に立ち返り、心は天と通じます（**天人合一**_{（てんじんごういつ）}）。

幕府の覚めでたかった林家の家塾は、五代将軍・綱吉の時代に「**昌平坂学問所**_{（しょうへいざか）}（幕府直轄の教学機関）」となります。

朱子学への反発から伸長した陽明学

> 柔軟で実践的な中江藤樹の陽明学が徐々に浸透する

中江藤樹が唱えた陽明学の孝の実践

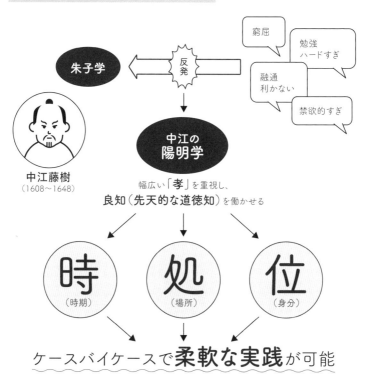

朱子学

反発

窮屈

勉強ハードすぎ

融通利かない

禁欲的すぎ

中江藤樹
（1608〜1648）

中江の陽明学

幅広い「孝」を重視し、良知（先天的な道徳知）を働かせる

時（時期）

処（場所）

位（身分）

ケースバイケースで柔軟な実践が可能

近江の聖人・中江藤樹とその後継者たち

　前項で見たように、江戸時代の中心思想は、当初朱子学からスタートしました。しかし朱子学は**禁欲と勉学を過度に求める**窮屈な学問のため、当然反発も起こります。すなわち、**陽明学**（P58）です。

　日本の陽明学の第一人者といえば、**中江藤樹**です。

　彼には有名な親孝行のエピソードがあります。藤樹は近江の国（現・滋賀県）で浪人生活をしていたのですが、ある日四国の大洲藩から、仕官の話が舞い込みます。

　非常にありがたい話ですが、彼には年老いて身体の弱った母親がいます。彼は悩みました。**お城勤めはしたいけど、母を残していくわけにもいかない**。結局彼は仕官の話を断り、郷里で母への孝養に尽くしました。これにより、彼は人々から「**近江聖人**」と崇められました。

　なぜこんな話をしたかというと、中江藤樹の陽明学では「**孝**」が非常に重視されるからです。ただし藤樹の孝は、単なる親子愛にとどまりません。彼の孝の本質は「**愛敬**」、つまり**人を愛し敬う心全般にまで拡大された幅広い孝**なのです。

　そして陽明学は「**実践的な学問**」ですから、当然その孝を実践するわけですが、その実践のあり方がきわめて柔軟なのが、中江藤樹の特徴です。

　彼の孝の実践は、「**時・処・位**」に応じた柔軟なものでした。

　つまり、まずしっかり良知（先天的な道徳知）を働かせて、その孝を実践すべき「**時期・場所・身分**」を見極めて、ケースバイケースで柔軟に実践のあり方を変えていくというものです。融通のきかない頭でっかちな朱子学と違って、さすが陽明学といったところですね。

　ちなみに江戸時代の陽明学者はあと２人、有名人がいますが、どちらも実践重視です。例えば藤樹の弟子であった**熊沢蕃山**は、岡山藩で池田光政公に仕え、そこで**治山・治水・飢饉対策**などを「実践」します。

　また大坂の与力だった**大塩平八郎**は、飢饉の際に窮民救済のために挙兵・反乱するという形で、陽明学を「実践」します。

儒学の原典に戻るべし 古学派の台頭

> 新儒教・朱子学への疑問から
> 原点回帰を求めた三派

三派に分かれた古学派

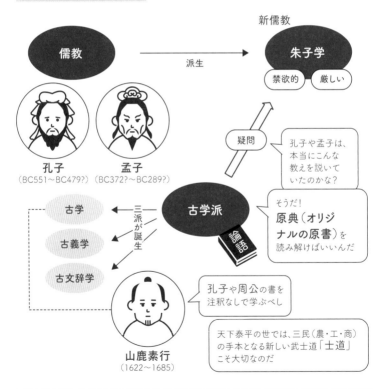

新儒教

儒教　→ 派生 →　朱子学

禁欲的　厳しい

孔子
（BC551〜BC479?）

孟子
（BC372?〜BC289?）

疑問　孔子や孟子は、本当にこんな教えを説いていたのかな？

古学派

古学
古義学
古文辞学

三派が誕生

論語

そうだ！
原典（オリジナルの原書） を読み解けばいいんだ

孔子や周公の書を注釈なしで学ぶべし

山鹿素行
（1622〜1685）

天下泰平の世では、三民（農・工・商）の手本となる新しい武士道「士道」こそ大切なのだ

武士は「戦闘者」から「お手本」へ

古学派は「孔子や孟子の原典から、**儒教本来の思想を読み取る**」ことをめざす一派です。

原点ではなく「原典」、つまり「**オリジナルの原書**」から学ぼうとする点がポイントです。なぜ彼らが原典にこだわったのかというと、それは「**朱子学に対する疑問**」からです。

先述したように（P58）、朱子学は儒教から派生した「新儒教」です。ただその内容は、あまりにも孔孟とかけ離れた禁欲的で厳しいもののため、多くの学び手は途中で音を上げ、疑問を抱き始めます。

「**こんな厳しい教え、本当に孔子や孟子は説いたのかな？**」

——この疑問に答えるため、古学派は誕生したわけです。

ただし古学派とはいっても、**古学・古義学・古文辞学**と３つありますので、順を追って見ていきましょう。

古学の祖は**山鹿素行**です。軍学者としても高名な彼は、朱子学を批判し、**古学**を提唱します。彼の古学は「**孔子や周公（孔子が理想視した周時代の聖人）の書を注釈なしで学ぶべし**」というものです。

また山鹿素行といえば、「**武士道の転換**」でも有名です。

彼によると、まず武士が戦闘者だった頃の武士道は、「死の覚悟」の武士道でした。つまり、主君のためならすすんで命をも投げ出すという武士道です。ところが今や天下泰平の世。武士は戦闘者から「為政者」になりました。そうなると、武士道のあり方も変わってきます。

新たな時代に求められる武士道は「**三民の師表**」としての武士道です。これは三民、すなわち**農工商の手本たるべき人格者**としての武士道という意味で、彼は「**士道**」と表現しました。

しかし、この士道に異を唱える者もいました。**山本常朝**です。彼は『**葉隠**』で「**武士道というは死ぬ事と見つけたり**」と説き、山鹿素行の新時代の武士道を批判したのです。

現代の私たちから見ると、圧倒的に山鹿素行が正しいです。

でも同時代に多くの共感を得たのは、山本常朝の方でした。

古義学・古文辞学の祖
伊藤仁斎と荻生徂徠

▷ 『論語』『孟子』を研究する古義学と
理想的治世を追究する古文辞学

2人それぞれの儒教観

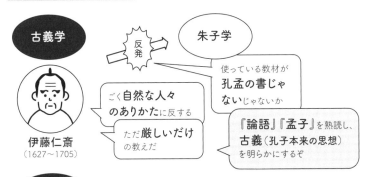

古義学

伊藤仁斎
（1627〜1705）

反発 → 朱子学

ごく自然な人々のありかたに反する

ただ**厳しいだけ**の教えだ

使っている教材が**孔孟の書じゃ**ないじゃないか

『論語』『孟子』を熟読し、**古義（孔子本来の思想）**を明らかにするぞ

古文辞学

荻生徂徠
（1666〜1728）

孔子の道は先王の道なり。先王の道は天下を安んずる（安天下）の道なり

先王の道
＋
安天下

古代の理想的な為政者が示した道

国家を安泰にする経世済民の道

⇒

儒教とは？

古代の理想的な統治を先人から学ぶ学問だ

古学派の中でもアプローチは異なる

引き続き、古学派を見ていきます。

伊藤仁斎は**古義学**の祖です。

彼は元朱子学者でしたが、朱子学がただ厳しいだけの教え（残忍刻薄の教え）である点や、その禁欲的な姿勢が**日常のごく自然な人々の関わり方（人倫日用の道）**に反する点、また使っている教材が孔孟の書でない点などを批判し、古義学を提唱します。

彼の説く古義学とは「『論語』『孟子』を熟読し、**古義（孔子本来の思想）を明らかにする学問**」であり、その古義の中心にくるものは「**仁愛**」、そして私たちは、その仁愛実現のため、「**真実無偽の心情**」をめざしていくのです。

荻生徂徠は**古文辞学**の祖ですが、古学派において彼だけは儒教のとらえ方が違います。私たちは儒教を「個人の道徳」ととらえがちですが、徂徠は違います。彼にとっての儒教は「**公の秩序**」です。

よく考えたら、儒教は中国の戦国時代の思想です。ということは、儒教の軸は道徳ではなく「天下統一の理論」です。徂徠の言葉に「孔子の道は**先王の道**なり。先王の道は天下を安んずる、**安天下の道**なり」がありますが、「先王の道」が古代の理想的な為政者が示した道、「安天下の道」が国家を安泰にする**経世済民**（世を経め民を済う）の道であると考えると、やはり徂徠は、儒教を「先人から古代の理想的な統治を学ぶための学問」ととらえていることがわかります。

さらに徂徠は、朱子学批判の意味合いで、先王の道を「天地自然の理に従ったものではない」とも言っています。

朱子学では、**理に従いさえすれば、人間も社会も自然に善くなる**と考えますが、先王の道は決して「ほっといて自然に善くなった」わけではなく、ちゃんと先王の**作為**（儀礼・音楽・刑罰・政治の「制度化」）で、努力して作ってくれた道だからです。

そして私たちは、**古文辞**（中国の古語）で書かれた古の儒教の**根本経典を読み、誤りなく真意をとらえる**。これが古文辞学です。

日本固有の思想の確立をめざす国学

> 中国から伝来した儒学・仏教以前の
> 日本固有の思想・道徳とは何か

万葉集の注釈書がバイブルに

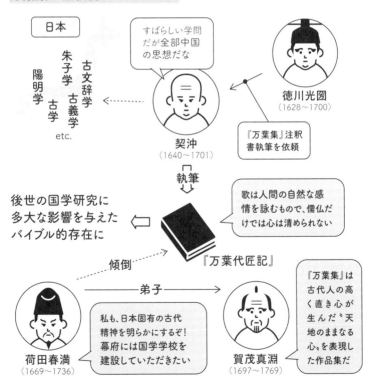

日本

陽明学　朱子学　古文辞学　古義学　古学　etc.

すばらしい学問だが全部中国の思想だな

徳川光圀
（1628〜1700）

『万葉集』注釈書執筆を依頼

契沖
（1640〜1701）

執筆

歌は人間の自然な感情を詠むもので、儒仏だけでは心は清められない

後世の国学研究に多大な影響を与えたバイブル的存在に

傾倒

『万葉代匠記』

弟子

私も、日本固有の古代精神を明らかにするぞ！幕府には国学学校を建設していただきたい

荷田春満
（1669〜1736）

『万葉集』は古代人の高く直き心が生んだ〝天地のままなる心〟を表現した作品集だ

賀茂真淵
（1697〜1769）

国学研究の端緒と発展

国学とは「儒仏以前の、日本固有の道徳や思想の研究」です。

国学が生まれた理由は、「**日本文化の純粋性を守らねば**」という危機意識です。江戸時代の思想といえば、朱子学・陽明学に始まり、古学・古義学・古文辞学……どれもすばらしい思想ですが、よく考えたら、**全部中国の思想**です。

ここ日本じゃないの？　このままでは純粋な日本文化がなくなるよ——こういう気持ちが国学を生んだのです。

和歌や神話を研究題材にする国学ですが、その祖とされるのが**契沖**です。真言宗の僧侶であった彼は、23歳の時、和学者にして歌人の**下河辺長流**と友人になります。契沖は彼から大きな影響を受け、和歌や和漢書の研究を始めます。そして40歳の時、何と**徳川光圀から『万葉集』の注釈書を作るよう依頼**されます。最初の依頼者・長流が病にふせったため、その知己である契沖に白羽の矢が立ったのです。

契沖は執筆に没頭し、後世の国学研究に大きな影響を与える万葉集の注釈書『**万葉代匠記**』を書き上げました。

契沖は、歌を「**人間の自然な感情を詠むもの**」ととらえ、**儒仏だけでは心は清められない**と述べています。まさに国学の精神ですね。

荷田春満は、京都伏見稲荷神社神官の子として、幼い頃から神道と歌学を修めていました。契沖の万葉学に傾倒した彼は、**古典作品を儒教的・仏教的に解釈する従来のやり方を排し**、日本固有の古代精神を明らかにするために、国学研究に没頭しました。また彼は、江戸幕府に対し**国学学校の建設を進言した**ことでも知られています。

その春満の弟子・**賀茂真淵**も『万葉集』を研究し、「**古代人の〝高く直き心〟（おおらかで素直な心）が生んだ〝天地のままなる心〟（天地自然の道に従った心）を表現**」した作品集として評価しました。

そこには儒仏の持つ狭量さ・理屈っぽさは見当たりません。さらにその音の響きには「**ますらをぶり（男性らしさ）**」があり、そのおおらかで力強い調べも、高く直き心に通ずるものと評価しています。

日本は真心に立ち返れ
本居宣長の古事記研究

> 儒仏とは異なるおおらかな神々こそ
> 日本人の生き方のモデルとなる

『古事記』に見える真心の尊さ

『古事記』

古代日本
・儒仏に基づく社会規範なし
・それでも平和

なぜ？

神々がとてもおおらか

これが人の生き方の
モデルになった

惟神の道
（神々の作り
出した道）

研究→

本居宣長
（1730〜1801）

『古事記』には、
「漢意」では理解できない、
人の真心が記されている

すばらしい！
これを人間社会に
受け入れよう
じゃないか

古道
（天皇の作り
出した素直で
自然な古の統治）

平田篤胤
（1776〜1843）

復古神道

国学
＋
神道

神々の子孫である天皇
への服従こそが神の道

倒幕運動を
誘発

日本の神々が世界を
創造したため、日本は
諸国に優越する

戦前の国粋
主義に影響

漢意を捨てて古代人の心を取り戻せ

前項に引き続き、国学です。

真淵の弟子・**本居宣長**は、**日本の国学の大成者**です。

彼が研究テーマとしたのは『古事記』。つまりイザナギやイザナミが出てくる、日本の神話です。そして彼は、その古事記の中に「**古道（古代の人間社会の統治方法）**」のモデルとなるものを見たのです。それは「**惟神の道（神々の作り出した道）**」です。

よく考えてみれば、古代の日本には儒仏に基づく社会規範はなかったけれど、別に世は乱れず、平和でした。なぜなら、**神話に出てくる素直でおおらかな神々のあり方**が、人の生き方のモデルになっていたからです。そしてそれを人間社会に受け入れたのが天皇であり、その天皇の作りし道が、素直で自然な古の統治・古道、というわけです。

とてもすばらしい道ですが、「**漢意（儒仏に毒された心）**」では知れません。だから宣長は、それを捨て、「**真心**」に立ち返るよう訴えます。

真心とは「よくも悪しくも生まれつきたるままの心」、素直で自然で欲望にも肯定的な心です。つまり彼は、**古代人の心になり切って、古典の伝承を信じること**が大切だと説いているのです。

さらに宣長は『古今和歌集』『源氏物語』も研究し、その作風に表された「**たおやめぶり（女性らしい優美・繊細さ）**」を知り、「**もののあわれを知る人**」になることも、真心のある理想的な人になるには大切であると説いています。

平田篤胤は、国学と神道を合わせた「**復古神道（平田神道）**」の完成者として知られています。

ただし復古神道は、「**神々の子孫である天皇への服従こそが神の道**」という考えを含むため、武士の頂点である将軍家に服従する当時の幕藩体制に批判的で、**幕末の倒幕運動の火種の1つ**となっていきます。

また彼の「日本の神々が世界を創造したため、日本は諸国に優越する」という「神国日本の優越性」の思想は、**戦前の国粋主義**に大きく影響を与えていきます。

士農工商をめぐる見解 江戸の民衆思想家たち

> 農民・商人をそれぞれ擁護した
> 石田梅岩・安藤昌益・二宮尊徳

３人の民衆思想家の眼差し

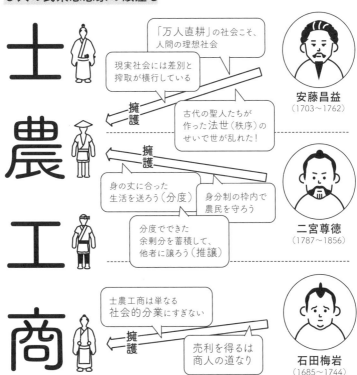

「万人直耕」の社会こそ、人間の理想社会

現実社会には差別と搾取が横行している

擁護

古代の聖人たちが作った法世（秩序）のせいで世が乱れた！

安藤昌益
（1703〜1762）

擁護

身の丈に合った生活を送ろう（分度）

身分制の枠内で農民を守ろう

分度でできた余剰分を蓄積して、他者に譲ろう（推譲）

二宮尊徳
（1787〜1856）

士農工商は単なる社会的分業にすぎない

擁護

売利を得るは商人の道なり

石田梅岩
（1685〜1744）

先進的な人間の平等も説かれた

ここでは民衆思想、「江戸時代の町人・農民の思想」を紹介します。

石田梅岩は、**商人を擁護した思想家**です。当時商人は、経済的には裕福であっても、儒教に利を卑しむ傾向がある上、身分制度のいちばん下に置かれていたため、精神的には卑屈になりがちでした。

しかし梅岩は「**職分上、人間は平等であり、士農工商は単なる社会的分業**（天下の治る相）**にすぎない**」と説き、商人を擁護しました。そして利益についても、必要な分業をやっている以上「**売利を得るは商人の道なり**」と説き、その**道徳的正当性**を強調しました。

安藤昌益は、**人間の平等を説き**（この時代としてはきわめて珍しい。この人と西川如見（P171）ぐらいです）、農民を擁護しました。

まず彼は、人間にとっての理想社会は「**万人直耕**」の社会だと考えました。万人直耕とは、**万人が農耕に従事する平等な社会**のことで、これを「**自然世**」といいます。

ところが現実社会は、身分制度と人為的な法のせいで差別と搾取が横行し、そこには働きもせず貪り食うだけの連中（**不耕貪食之徒**）もいます。これが「**法世**」です。

そして彼は、自然世が法世になった原因として、古代の聖人たちを批判します（＝**聖人批判**）。つまり彼らが作った秩序のせいで世が乱れたとして、**儒教・仏教・神道などを批判した**のです。

安藤昌益と対照的な農民擁護を展開したのが、**二宮尊徳**です。

彼が説いたのは「**身分制の枠内での農民擁護**」で、そのために彼は農民たちに「**分度と推譲**」を求めます。分度とは「**自分の分限**（身の丈）**に合った生活**」で、推譲は「**分度でできた余剰分を蓄積して、他者に譲ること**」です。なぜ他者に譲るのかというと、今の自分があるのは他者の徳のおかげだから、その徳に報いるため（**報徳思想**）です。

つまり「**農民は慎ましく生き、余分な力を持つな**」ということです。

何とも為政者に都合のいい思想ですが、当時の農民には、先鋭的すぎて理解できない安藤昌益の思想よりもなじみやすいものでした。

オランダを窓口とした ヨーロッパの学問 蘭学

> 徳川吉宗が禁書令を緩和し、
> 大量の洋書流入で一気に活性化

将軍が閉じ、将軍が開いた蘭学の道

徳川家光
（1604〜1651）

「寛永禁書令」を発布し、キリスト教関連から科学書などまでを禁止に

オランダ語の学習を命じる

蘭学の祖

青木昆陽
（1698〜1769）

徳川吉宗
（1684〜1751）

実用的学問を歓迎し「享保の改革」でキリスト教以外の洋書を解禁する

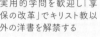

前野良沢
（1723〜1803）

解体新書
with 杉田玄白

オランダ語入門書
蘭学階梯

大槻玄沢
（1757〜1827）

平賀源内
（1728〜1779）

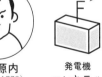

発電機
エレキテル

オランダ語辞書
ハルマ和解

稲村三伯
（1758〜1811）

伊能忠敬
（1745〜1818）

**大日本沿海
輿地全図**

最新の知見をもたらした学問

「蘭学」とは、オランダの学問だけでなく、江戸時代に**オランダを窓口として日本に入ってきた、ヨーロッパの学問や技術の総称**です（幕末には交流国の増加で、呼称が「洋学」になりました）。

鎖国の完成者である三代将軍・徳川家光は、1630年に「**寛永禁書令**」を発布し、**キリスト教関連の漢籍洋書の輸入を禁止**しました。

しかしその時、イエズス会宣教師らの書をすべて禁書としたせいで、天文学などの科学書までもが禁書となってしまいました。結果的に科学流入まで止めてしまったのは、日本にとってマイナスでした。

しかしその後、八代将軍・徳川吉宗の時代になると、**西洋の実用的学問は幕府の経済建て直しにかなう**と歓迎され、「享保の改革」の一環で禁書令が緩和され、キリスト教以外の書物ならOKとなりました。そこから大量の洋書が流入し始め、蘭学が発展していったのです。

それでは、この時代の代表的な蘭学関係者を見ていきましょう。

『蕃藷考』で飢饉対策に**甘藷**（サツマイモ）の栽培を唱えたことが認められ、幕府に登用された**青木昆陽**は、吉宗からオランダ語を学ぶよう命じられたことがきっかけで簡単な入門書や辞書を著し、「**日本の蘭学の祖**」と呼ばれるようになりました。

またその弟子の**前野良沢**は、杉田玄白らとともに**人体解剖書『ターヘル・アナトミア』**を翻訳し、『**解体新書**』と名づけました。

さらにその後、より本格的なオランダ語入門書と辞書が完成します。入門書は**大槻玄沢**の『**蘭学階梯**』、辞書は**稲村三伯**の『**ハルマ和解**』です。この２冊の完成で幕府は翻訳に力を入れ始め、幕府内に「**蛮書和解御用掛**」という翻訳機関が誕生しました。

志筑忠雄は『**暦象新書**』で**ニュートン力学や地動説**（ともにP70）を紹介し、**平賀源内は発電機（エレキテル）を作製**しています。

また**伊能忠敬は全国を測量して**『**大日本沿海輿地全図**』を作成し、**西川如見**は江戸で天文学を講じる傍ら、『**町人嚢**』で「**平等な人間観**」を説いています。

優秀な人材を続々輩出
江戸時代の私塾

▷ 忠臣を育成する公的教育機関ではなく
自由な校風で人材育成に貢献した

日本を新時代に導いた私設教育機関たち

江戸時代の教育機関

公的機関

昌平坂学問所
（幕府直轄の学問所。幕臣の教育機関）

藩校
（藩士の子弟のための教育機関） etc.

 私塾

代表的な私塾

鳴滝塾
医師のシーボルトが診療所兼私塾として開設。高野長英らを輩出

シーボルト
（1796〜1866）

懐徳堂
大坂商人らが作った町人塾で自由な学風が特徴。富永仲基らを輩出

大坂商人

適塾
適々斎塾が正式名称。医学以外に西洋技術なども教えた。福沢諭吉、大村益次郎などを輩出

緒方洪庵
（1810〜1863）

松下村塾
尊王攘夷思想を軸とした儒教や史学、軍事知識の講義や軍事教練なども手がけ、幕末の志士を輩出

吉田松陰
（1830〜1859）

学者から志士まで多士済々

ここでは、江戸時代の「私塾」について見てみましょう。

私塾とは、江戸時代に民間の儒者や洋学者が開いた、**私設の教育機関**です。江戸時代といえば「昌平坂学問所（幕府直轄の学問所で幕臣の教育機関）」や「藩校（藩士の子弟のための教育機関）」などもありましたが、私塾はそれら公的な教育機関とは違って、忠実な家臣育成にこだわらず、**自由な校風や幅広い学問分野**で、江戸時代の優秀な人材育成に貢献してきました。

鳴滝塾は、長崎出島のオランダ商館医師・**シーボルト**が長崎に開校した私塾です。唯一出島から出ての診察が認められていた彼は、長崎郊外に鳴滝塾を開き、そこを診察所兼私塾としたのです。鳴滝塾では**医学や自然科学について講義**し、高野長英らを輩出しています。

適塾は現在の大阪大学の前身で、**緒方洪庵**（蘭学者で医者）が作った大坂の蘭学塾です。ここでは医学だけでなく、**西洋の技術や知識も**教えました。主な門人には、福沢諭吉や大村益次郎がいます。

懐徳堂は、大坂商人らが作った、大坂の町人塾です。

かなり自由な学風で、ユニークな人材を輩出しています。代表的な人材に、思想史家となった**富永仲基**がいますが、彼は思想を従来の研究よりもさらに古い時代に遡って研究し、**古い時代の思想ほど後から付け加えられた要素が多い**（＝加上）ことを発見しました。

その典型が大乗仏教で、今日の大乗仏教は、もはや仏陀の教説とはかけ離れていると説いています（＝**大乗非仏説**）。

さらに懐徳堂といえば、実学思想家・**山片蟠桃**も有名です。彼は啓蒙書『夢の代』で、地動説や需要・供給の法則、唯物論（P104）などジャンルを超えた新しい思想を紹介しています。

松下村塾は、**吉田松陰**が主宰した私塾です。「学問と実践」をモットーに、松陰は尊王攘夷思想を軸とした儒教や史学を講義するだけでなく、軍事知識の講義や軍事教練なども行いました。ここからは、高杉晋作や伊藤博文など、**数多くの幕末の志士が輩出**されています。

国難克服から倒幕へと変貌した水戸学

▷ 内憂外患の克服から尊王攘夷論を
　主張するが幕府への幻滅で変質した

国情から生まれた急進的学派

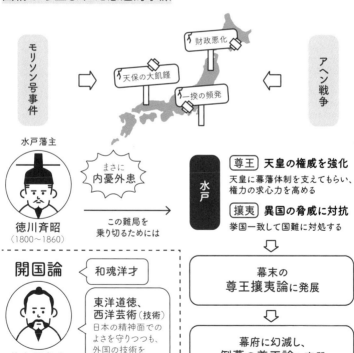

モリソン号事件

天保の大飢饉

財政悪化

一揆の頻発

アヘン戦争

水戸藩主

徳川斉昭
（1800〜1860）

まさに内憂外患

この難局を
乗り切るためには

水戸

尊王 **天皇の権威を強化**
天皇に幕藩体制を支えてもらい、権力の求心力を高める

攘夷 **異国の脅威に対抗**
挙国一致して国難に対処する

⇩

幕末の
尊王攘夷論に発展

⇩

幕府に幻滅し、
倒幕の尊王論に変質

開国論

和魂洋才

東洋道徳、
西洋芸術（技術）
日本の精神面での
よさを守りつつも、
外国の技術を
見習うべきだ

佐久間象山
（1811〜1864）

🧠「内憂外患」から「和魂洋才」へ

「内憂外患」という言葉をご存じですか？　これは水戸藩主・徳川斉昭が十二代将軍家慶に送った言葉で、「（江戸後期の日本は）国内にも国外にも心配事だらけだ」という意味です。

この時代の「内憂」は、財政悪化（浪費家だった父・家斉の治世が50年以上続いた）や天保の大飢饉、それに伴う一揆の頻発などです。

そして「外患」は、モリソン号事件（日本人漂流民を助けてくれた非武装の外国船を、異国船打払令に基づき砲撃）やアヘン戦争（大国・清がイギリスに敗北）などの「海外からの接近や脅威」です。

このような内憂外患の国難を乗り越えるには、民心を1つに束ねて立ち向かうしかない。そのためにはまず「天皇の権威を強化（尊王）」して幕藩体制を支えてもらい、権力の求心力を高めた上で、挙国一致で「異国の脅威に立ち向かう（攘夷）」べきだ——こう主張したのが「水戸学」です。水戸学は水戸藩で独自に発展した思想ですが、こうして幕末の「尊王攘夷論」を支える根拠となったのです。

ただし水戸学は、その後幕府への幻滅から、しだいに「倒幕の尊王論」へと変質していきます。確かに「安政の大獄（幕政に批判的な者の処刑）」で数多く処刑されたのも、「桜田門外の変」で井伊直弼を討ったのも、水戸藩士でした。

ちなみに安政の大獄での処刑者には、前項の松下村塾で多くの志士を輩出した吉田松陰もいましたが、彼の「一君万民論」（藩ごとの分裂などやめ、1人の君主に全国民が仕えよう）は、完全に倒幕志向の強い尊王論でした。

しかしこの時期、日本人は嫌というほど外国の凄さを見せつけられたため、国内には攘夷論だけでなく「開国論」も出てきます。そんな中登場した考え方が「和魂洋才」で、これは日本の精神面でのよさを守りつつも、外国の技術を見習うべきだ、という声です。

その代表者が佐久間象山。彼の「東洋道徳、西洋芸術（技術）」という言葉は、まさに幕末に求められた和魂洋才を代表する言葉です。

COLUMN

「時・処・位の大切さ」

「時・処・位」は、陽明学者・中江藤樹の思想です。時期・場所・身分に見合った、ケースバイケースの臨機応変なふるまいをせよという意味で、陽明学に限らず、とても大事な心構えです。

先日、大相撲の熱海富士関の激励会に行ってきました。角界には「相撲道」という言葉もあるくらいだから、礼儀にはうるさいはず。私は礼を尽くそうと、いちばんいいKISSのTシャツとLevi'sのネルシャツを着始めましたが、なぜか妻から「やめなさい！」と全力で止められました。私は何が間違っていたのでしょう？

そう、私の礼は「時・処・位」に見合っていなかったのです。確かに、バンドTシャツとネルシャツは、私の趣味にしてアイデンティティですから、この組み合わせは、私としては最高に礼を尽くしたつもりでした。

しかし、日本の国技を背負うお相撲さんに対する礼としては、まったく時・処・位に見合っていなかったのです。こんな間違った礼の尽くし方、中江藤樹先生に知られたら顔向けできません。当然妻からも、引くほど叱られました。

私は反省し、せめて無地のシャツとジャケットぐらい着ていこうと考え、クローゼットをあさりました（私のクローゼットは妻から「ボロぎれ庫」と呼ばれています）。そして長時間悪戦苦闘した末、私はついにその奥から、ブッ◯オフで9000円もしたジャケットと、無地のユ◯クロのヒー◯テックを見つけたのです。

「これだ！」──私は叫び、喜び勇んでそれらを着て、熱海富士関を激励しに行きました。妻はものすごい顔をしていましたが、有頂天の私には取るに足らないことです。だって、ついに「時・処・位」を見つけたのですから。

ちなみに激励会には、私がいちばん好きな翠富士関も来られるというサプライズがあったので、舞い上がった私は、主役の熱海富士関を押しのけ、翠富士関からだけサインをもらい、ほくほくして帰りました。これもまた臨機応変。「時・処・位」ですよね。

PART 8

日本の思想・宗教
明治時代以後

時代は江戸から明治へ。ここからは激動の時代です。
鎖国が終わり、社会体制の変革と急速な近代化が進んだこの時代、
人々は「新たな社会の新たな自分」のあり方にもがき、試行錯誤します。
ここまで学んできた西洋思想の流入の影響も
加味して見ると、さらに面白いですよ。

日本初の啓蒙思想団体 学術結社・明六社

> 明治維新によって刷新された社会に 西洋的理性をもたらそうとする

錚々たる人材が参加し活躍した

森有礼
（1847〜1889）

1873年
結成

日本初の啓蒙思想団体
明六社

伝統・権威を否定して、理性による新たな社会作りを目指すぞ

西周
（1829〜1897）

オランダへの留学経験があり、「理性」「概念」「哲学」など、哲学系の言葉を訳出した

加藤弘之
（1836〜1916）

『国体新論』で天賦人権論を唱えたが、後に進化論の影響を受けて社会進化論者に転じた

西村茂樹
（1828〜1902）

明六社の中では保守派で、西洋哲学の長所と儒教の道徳観を融合させた「国民道徳」の樹立を訴えた

中村正直
（1832〜1891）

イギリスへの留学経験があり、スマイルズの『自助論』を『西国立志編』のタイトルで訳し、自立の精神を説いた

明治6年に結成されたから「明六社」

明六社は明治6年に結成された、**日本初の啓蒙思想団体**です。

啓蒙思想 (P88) とは「無知・偏見からの理性による解放」ですが、日本の場合は「**伝統・権威を否定し、理性により新たな社会をめざす考え**」といった方がしっくりくるでしょう。

なぜなら明治維新直後の日本では、武家社会から天皇制への移行、急速な近代化、西洋の文化・思想の流入などがいっぺんに起こり、まさに**権威や伝統を否定しつつ、西洋的な理性に基づく社会作り**が求められていたからです。実際、明治政府も新しい社会作りに洋学の素養のある者を求めており、そういう人々が「官僚学者」として国作りに参加していた時代でした。

明六社の発起人は、**森有礼**です。留学経験のあった彼は、明治政府から重用（駐米公使や文部大臣など）されていましたが、アメリカ在住時に見かけた**学術結社の日本版を作りたい**と考え、帰国後明六社を結成しました。明六社には福沢諭吉、西周、加藤弘之、西村茂樹、中村正直といった洋学者たちが参加しています。福沢諭吉は後で紹介するとして、その他の人々を紹介しておきましょう。

西周は「理性」「概念」「哲学」など、**哲学系の言葉を訳出した人物**です。彼は幕末、幕府の命でオランダへの留学経験があります。

加藤弘之は、佐久間象山の下で**洋学を学んだ人**です。

彼は『国体新論』で「人民天皇同ジク人類」と天賦人権論を唱えましたが、後に進化論 (P98) の影響を受けて社会進化論者に転じ、人間社会にも適者生存があるという立場に変わりました。

西村茂樹も佐久間象山から洋学を学びましたが、明六社の中では保守派のこの人は、**儒教を軸にした国民の啓蒙**をめざし、西洋哲学の長所と儒教の道徳観を融合させた「国民道徳」の樹立を訴えました。

幕末にイギリスへの留学経験のある**中村正直**は、著述家スマイルズの『自助論』を『西国立志編』のタイトルで訳し、「**天は自ら助くる者を助く**」という言葉で、自立の精神を説きました。

独立自尊を説いた
啓蒙思想家・福沢諭吉

▷ 天賦人権思想を
「天は人の上に人を造らず」と表現

福沢の実学導入へのロジック

福沢諭吉
（1834〜1901）

封建制を否定する！ なぜなら…

封建制の強固な主従関係

⇩ やがては…

依存心の高い卑屈な精神を生む

⇩ これじゃダメだ

独立自尊の精神が必要だ

⇩ そのためには…

天賦人権思想を
浸透させねばならない

⇩ どう表現するか…

実学の導入で合理
的思考や独立心が
育つ。「一身独立
して一国独立す」

「天は人の上に人を造らず
人の下に人を造らず」
（人間はみんな生まれながらに自由・平等）

⇩

西洋の「実学」（数理学などの実用的な学問）
を取り入れるべし

実学の導入が個々人と国家の独立につながる

福沢諭吉は、明治を代表する啓蒙思想家です。

啓蒙思想で福沢が打破しようとした伝統・権威は「封建制」（土地を分与することで主従関係を作る制度）です。なぜなら、封建制で築かれた強固な主従関係が、日本人を「依存心の強い卑屈な精神」にしているからです。こんな精神では、西洋に追いつけません。

追いつくには、その真逆の「独立自尊の精神」（独立心のある誇り高い心）が必要ですが、日本人がそれを持つには、まず「天賦人権思想」の浸透が必要だと、彼は考えました。

天賦人権とは、人権は神から授けられたものだから、「人間はみんな生まれながらに自由・平等」という考え方です。福沢はこれを「天は人の上に人を造らず……」という、あの誰もが知る超有名フレーズで表現しました。

確かにこれが浸透したら、「主君も家臣も同じ人間だ」と思え、独立自尊の精神が育まれそうです。しかし天賦人権思想は、西洋にはあるが東洋にはない。福沢はその原因を、学問体系の違いに見ています。

東洋の学問は、儒教中心です。

儒教は徳を重視しますが、合理性を軽視します。つまり「家臣は主君に従おう」とは説いても、なぜ従うのかについての合理的説明はありません。これでは盲従するしかなく、独立心は育ちません。

一方西洋は「実学（数理学などの実用的な学問）」中心です。

これなら、考え方は合理的になり、「同じ人間なのになぜ従うの？」という疑問もわきます。ならば、日本にも実学を導入すれば、個々の独立心もわき、その個々の独立心を合わせれば、国家の独立にもつながります。このような実学の必要性を、福沢は「一身独立して一国独立す」と表現しました。

福沢の思想は、とても論理的でわかりやすいです。晩年は、独立に後ろ向きなアジアを見限る「脱亜論」で評価が分かれますが、ここで見た考え方は、まさに啓蒙思想のお手本といえるでしょう。

「東洋のルソー」と
呼ばれた中江兆民

▷ **フランス流の恢復的民権が理想も
恩賜的民権に妥協点を求める**

より強度が高いのは恢復的民権

中江兆民
（1847〜1901）

恢復的民権
の獲得が望ま
しい

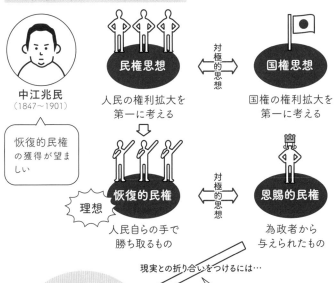

民権思想

対極的思想

国権思想

人民の権利拡大を
第一に考える

国権の権利拡大を
第一に考える

恢復的民権

理想

対極的思想

恩賜的民権

人民自らの手で
勝ち取るもの

為政者から
与えられたもの

現実との折り合いをつけるには…

明治新政府
できたばかりで
体制を強化中。
性急な権利拡大
要求は非現実的

現時点では恩賜的民権し
かないが、これを育て上げて
恢復的民権と同レベルまで
引き上げようじゃないか

日本流の民権思想の落とし所に苦慮

中江兆民は、フランス流の民権思想の普及者で、「**東洋のルソー**」と呼ばれます。

民権思想とは、国権拡大を第一に考える「**国権思想**」の対義語で、政治参加を含めて「**人民の権利拡大を第一に考える思想**」です。民権思想は、当時の日本では自由民権運動につながる思想であり、兆民はその理論的指導者とされる人物です。

まず彼は、民権には２種類あると考えました。「**恢復的民権**（かいふく）」と「**恩賜的民権**（おんし）」です。

恢復的民権とは、フランスやイギリスなど市民革命があった国の民権で、「**人民自らの手で勝ち取る**」民権です。対して恩賜的民権は日本の民権で、こちらは「**為政者から与えられた**」民権です。

この２つのうち、本来あるべきなのは、もちろん恢復的民権です。

なぜなら為政者からもらった民権など、為政者の交代や心変わりがあれば、すぐに失われてしまいますから。

フランス流の民権思想はとても急進的で、天賦人権・主権在民・共和制（国王のいない政体）・抵抗権なども含みます。実際兆民自身も『民約訳解』（彼によるルソー（P86）の『社会契約論』の訳本）で、「**人権は取るべきものであって、もらうものではない**」と言っています。

しかし、明治日本の中央集権体制はあまりにも強固で、革命で一気に恢復的民権を奪取するのは、あまりにも性急すぎます。だから彼は「**恩賜的民権を育て上げて、恢復的民権と同じ価値にまで高めよう**」という結論に、妥協点を求めたのでした。

ただ、民権論にやや妥協が見られるとはいっても、彼はできる限りの体制批判は行っています。

彼の著書『**三酔人経綸問答**（さんすいじんけいりんもんどう）』は、まったく主義主張や立場の違う３人の議論［洋学紳士（理想主義者）・豪傑君（不平士族）・南海先生（現実主義者）］という体で、読み手に的を絞らせず**巧妙に体制批判を展開する**、とても面白い本に仕上がっています。

明治日本を代表する クリスチャン・内村鑑三

> 西洋近代文明発展はプロテスタントの 利潤肯定と倫理観にあると考えた

内村を突き動かした2つのJ

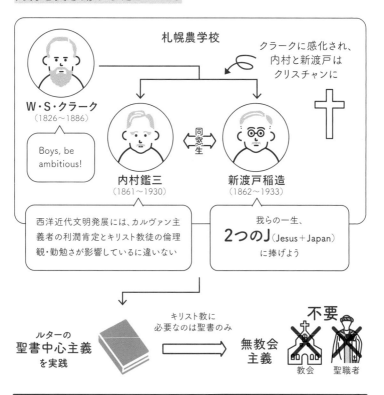

札幌農学校

W・S・クラーク
（1826〜1886）

Boys, be ambitious!

クラークに感化され、 内村と新渡戸は クリスチャンに

内村鑑三
（1861〜1930）

←同窓生→

新渡戸稲造
（1862〜1933）

西洋近代文明発展には、カルヴァン主 義者の利潤肯定とキリスト教徒の倫理 観・勤勉さが影響しているに違いない

我らの一生、 **2つのJ**（Jesus＋Japan） に捧げよう

ルターの **聖書中心主義** を実践

キリスト教に 必要なのは聖書のみ

無教会 主義

不要

教会　聖職者

武士道に接ぎ木されたるキリスト教

かつて日本のキリスト教といえば、**イエズス会の宣教師**がもたらした**カトリック**でした。

ところが明治のキリスト教は違います。明治のキリスト教は、「**西洋文明発展の礎になった思想**」の１つとして入ってきました。

ということは、**プロテスタント**（P68）です。**カルヴァン主義**（P70）の「**利潤肯定**」が資本主義発展に貢献したと考えれば、そうなります。

というわけで明治のキリスト教は、1872年の解禁後、主にプロテスタントの受容という形で進んでいきます。

内村鑑三は、**明治日本を代表するキリスト者（クリスチャン）**です。

まず彼は、西洋近代文明発展の陰にキリスト教があると考えました。これはカルヴァン主義者の利潤肯定に加え、プロテスタントには内面的な倫理観や勤勉さもあるからです。そして日本も、同じように発展したい。ならば今後は、日本とキリスト教は切り離せない――これが彼の結論「**2つのJ（Jesus＋Japan）**」です。

ちなみにこの言葉は、彼が札幌農学校の学生だった頃、「Boys, be ambitious!（**少年よ、大志を抱け**）」で有名な初代教頭クラークに感化されてクリスチャンになり、同期の**新渡戸稲造**と「我らの一生、２つのJに捧げよう」と誓い合った時に生まれた言葉です。

というわけで、これからキリスト教を広めていくわけですが、だからといって教会を建てる必要はありません。なぜなら彼のキリスト教は、プロテスタント。ということは、ルターの「**聖書中心主義**」の教えも実践します。ならば、**キリスト教に必要なのは聖書のみ**であって、教会も聖職者もいりません。これが彼の「**無教会主義**」です。

最後に彼のアイデンティティの話をしましょう。

実は彼は、クリスチャンになる前は武士でした。

だから自らの信仰を「**武士道に接ぎ木されたるキリスト教**」と呼び、武士道という台木にキリスト教を接いだ精神は、世界で最高の産物であり、**日本のみならず、世界を救う力がある**と述べています。

キリスト教と社会主義 日本での奇妙な関係

▷ 平等な社会をめざしているとして マルクス主義に転向する者も

社会主義への一方通行的な親和性

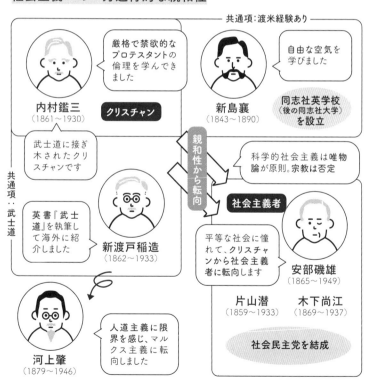

共通項：渡米経験あり

厳格で禁欲的な プロテスタントの 倫理を学んでき ました

内村鑑三
（1861〜1930）　クリスチャン

自由な空気を 学びました

新島襄
（1843〜1890）

同志社英学校
（後の同志社大学）
を設立

武士道に接ぎ 木されたクリ スチャンです

親和性から転向

科学的社会主義は唯物 論が原則。宗教は否定

英書『武士 道』を執筆し て海外に紹 介しました

新渡戸稲造
（1862〜1933）

社会主義者

平等な社会に憧 れて、クリスチャ ンから社会主義 者に転向します

安部磯雄
（1865〜1949）

共通項：武士道

人道主義に限 界を感じ、マル クス主義に転 向しました

河上肇
（1879〜1946）

片山潜
（1859〜1933）

木下尚江
（1869〜1937）

社会民主党を結成

『武士道』の輸出と社会民主党結成経緯

内村鑑三以外のクリスチャンにも触れておきます。彼と共通点を持つクリスチャンに、新島襄と新渡戸稲造がいます。

まず**新島襄**ですが、彼と内村の共通点は、共に「**渡米してキリスト教を学んだ**」ことです。ただし、学んだものがずいぶん違ったようです。内村はアメリカで「厳格で禁欲的なプロテスタントの倫理」を学んできたのに対し、新島は「自由な空気」を学んできたようです。

だから新島のキリスト教は「**自由・自治の精神に富むキリスト教**」で、その精神は彼が創立した**同志社**にも活かされています。

そして**新渡戸稲造**ですが、彼と内村の共通点は「**武士道**」です。ただ新渡戸のキーワードは、接ぎ木ではなく「英書」です。国際親善に尽力し、「**太平洋の架け橋**」たらんとした彼は、**英書『武士道』**を著して、日本文化を海外に紹介したのです。

また内村鑑三との接点ではなく、「**キリスト教と社会主義の接点**」という目で見るのも、興味深いです。

本来、マルクス主義（P104）からの視点なら、宗教は否定されます。

なぜなら科学的社会主義は、**唯物論を考え方の基本**としており、唯物論なら神は「**物質である我々の脳の産物**」にすぎないからです。

ところが、キリスト教からの視点だと、無差別平等の愛を説くクリスチャンの目に、**平等な社会作りをめざす社会主義**は、時に好ましいものに映りました。

だからキリスト教から社会主義に転向する者も、案外多かったのです。例えば同志社で新島襄から受洗した**安部磯雄**は、社会問題解決のためには社会主義思想が必要だとし、同じくクリスチャンから社会主義者に転向した**片山潜・木下尚江**らと、**社会民主党**を結成しました。

また経済学者・**河上肇**は、初期はキリスト教的人道主義に感銘を受け、著書『貧乏物語』で「人心改造論」（貧困撲滅には、組織改革よりも人心改造を）を説いたりしていましたが、人道主義に限界を感じ、マルクス主義に転向していきます。

自己本位の夏目漱石と諦念の森鷗外

▷ 急激な近代化で生じた自我の問題に
異なる答えを出した2人の大文豪

抗う漱石と諦める鷗外

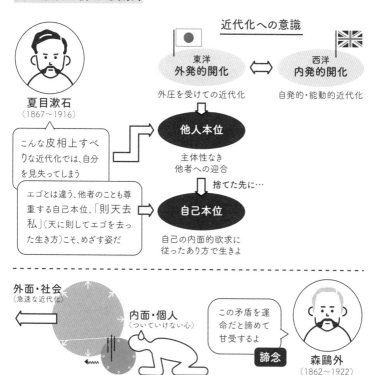

近代化への意識

夏目漱石
（1867〜1916）

東洋
外発的開化

外圧を受けての近代化

⟺

西洋
内発的開化

自発的・能動的近代化

こんな皮相上すべりな近代化では、自分を見失ってしまう

他人本位

主体性なき
他者への迎合

エゴとは違う、他者のことも尊重する自己本位、「則天去私」（天に則してエゴを去った生き方）こそ、めざす姿だ

捨てた先に…

自己本位

自己の内面的欲求に
従ったあり方で生きよ

外面・社会
（急速な近代化）

内面・個人
（ついていけない心）

この矛盾を運命だと諦めて甘受するよ

諦念

森鷗外
（1862〜1922）

🧠 自己本位な生き方か、運命を受け入れるか

「**近代的自我**」とは、明治の、主に文学者たちが正解を求めて苦悩した「**新しい時代の正しい自分のあり方**」という意識です。

この時代、世の中では急速な近代化が進みました。でも私たちの内には、まだちょんまげと着物姿の、たかだか数十年前と同じ自分がいる。日本人はみんな「**今後どうあるのが正解なんだ？**」と悩みました。

その悩みを、文学者を通して見ていきましょう。

夏目漱石は、西洋と東洋の「**近代化への意識の違い**」から、この問題に切り込みました。まず彼は、西洋の近代化が「**内発的開化（自発的・能動的な近代化）**」なのに対し、東洋の近代化は「**外発的開化（外圧を受けての近代化）**」であることに問題があると考えました。

確かに日本の近代化は、「いい世の中を作ろう」と自ら望んで立ち上がった近代化ではなく、外圧によるものでした。

簡単にいえば、ペリーが浦賀に来なければ、**あと100年は着物とちょんまげだったはず**です。こんな主体性のない「**皮相（上っ面）上滑り**」な近代化では、今後の社会の激変の中で、どんどん自分を見失ってしまいます。だから彼は、私たちに、「**他人本位（主体性なき他者への迎合）**」を捨てて「**自己本位（自己の内面的欲求に従ったあり方）**」に生きることを説いたのです。

しかし、自己本位という言葉は、ともすれば「あるがままの自己肯定」、つまり**エゴイズム**につながります。だから漱石は、他者をも尊重する、**エゴとは違った自己本位**を探し続け、晩年「**則天去私（天に則してエゴを去った生き方）**」の境地に達したといわれています。

森鷗外は、外面（急速な近代化）と内面（それについていけない心）の矛盾を直視し、その上で「諦めて現実を甘受」することを選びます。

これが鷗外の処世術・「**諦念（レジグナチオン）**」であり、これもこの時代の１つの生き方といえます。彼は『かのように』で、諦念を「**個人と社会は、対立ではなく〝運命〟。そういう心構えで生きることで、心の平穏を得る**」と説明しています。

人間関係を弁証法的に紐解いた和辻哲郎

> 人間を個と社会の弁証法的統一体と
> とらえ、孤立と埋没を防ごうとした

東洋・西洋それぞれの弱点を打ち消し合う

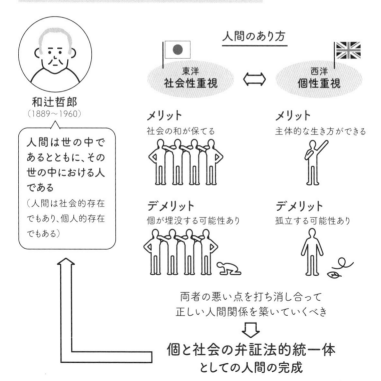

和辻哲郎
（1889〜1960）

人間は世の中であるとともに、その世の中における人である
（人間は社会的存在でもあり、個人的存在でもある）

人間のあり方

東洋
社会性重視 ⇔ 西洋
個性重視

メリット
社会の和が保てる

メリット
主体的な生き方ができる

デメリット
個が埋没する可能性あり

デメリット
孤立する可能性あり

両者の悪い点を打ち消し合って
正しい人間関係を築いていくべき

個と社会の弁証法的統一体
としての人間の完成

孤立と埋没の相互否定の先に

　和辻哲郎は、西洋哲学の考え方を織り交ぜながら「正しい人間関係のあり方」について考えた人です。

　彼の有名な言葉に「**人間は世の中であるとともに、その世の中における人である**」というものがあります。

　これは言い換えれば「**人間は社会的存在でもあり、個人的存在でもある**」という意味ですが、いったい何を言いたいのでしょう？

　まず和辻の考えによると、人間のあり方には「**個人性を重視**」する西洋的なあり方と、「**社会性を重視**」する東洋的なあり方の２種類があります。

　これらは、それぞれの社会では当たり前のあり方ですが、彼は「**どちらか一方だけではダメだ**」と考えました。

　なぜなら、まず前者だけを選んだ場合、その人は自己を貫く主体的な生き方ができるかわりに「**孤立**」する可能性があり、後者だけを選んだ場合は、その人は社会の和（協調性）は保てるかわりに、そこに配慮しすぎた結果、「**個が埋没**」する可能性があるからです。

　つまり、双方のあり方にはどちらも悪い点（孤立と埋没）があるため、それらを打ち消し合った所にこそ、人間関係を築くべきなのです。

　それぞれの悪い点を相互否定した先に、よりよい人間関係が生まれる——この考え方は、ヘーゲルの「弁証法（P94）」ですね。

　だから和辻は、人間を「**個と社会の弁証法的統一体**」ととらえ、**孤立と埋没の相互否定から正しい人間関係を築いていくべき私たち人間を「間柄的存在**」と呼んだのです。

　また和辻哲郎といえば、「気候風土と性格」の分類でも知られ、その中で私たち日本人の性格を「**モンスーン型**」と呼んでいます。

　これは、台風という「気まぐれな自然」に対する諦めの「静けさ」と、台風同様の「激しさ」という二面性がある性格という意味です。

　さらに彼は、**日本文化の再発見者**としても知られ、『**古寺巡礼**』で奈良の仏教美術品に触れた時の印象を、瑞々しく描いています。

禅を軸に独自の哲学を展開した西田幾多郎

> ## 事物に触れた瞬間の原初の経験にこそ本質がある

よさを考えた瞬間、それは通り過ぎる

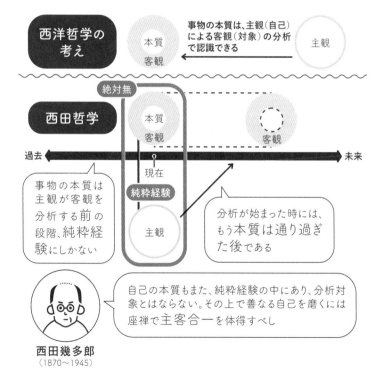

西洋哲学の考え

本質 客観 主観

事物の本質は、主観（自己）による客観（対象）の分析で認識できる

絶対無

西田哲学

本質 客観 客観 主観

過去 ← → 未来

現在

純粋経験

事物の本質は主観が客観を分析する前の段階、純粋経験にしかない

分析が始まった時には、もう本質は通り過ぎた後である

自己の本質もまた、純粋経験の中にあり、分析対象とはならない。その上で善なる自己を磨くには座禅で主客合一を体得すべし

西田幾多郎
（1870〜1945）

「西田哲学」における主格の関係

　西田幾多郎は、西洋哲学を批判し、禅の思想を軸とした非常にオリジナリティの高い思想を作り出した人物です。

　西洋哲学はどれも「**事物の本質は、主観（自己）による客観（対象）の分析で認識可能**」という形になっていますが、西田によると、そもそもこれが間違いです。

　事物の本質は「**主観が客観を分析する〝前〟**」にしかなく、分析が始まった時には、もう本質は通り過ぎた後なのです。彼はこれを「**純粋経験**」という言葉で説明します。

　純粋経験とは、**事物に触れた瞬間の原初の経験**のことです。

　例えば、いい音楽を聴いた瞬間を想像してください。その瞬間、私たちはその音楽に心を奪われ、ただただ無我夢中で聴き入ります。

　そこではまだ自己と対象が分かれておらず（**主客未分**）、聴かれている音楽と聴いている自分が一体化（**物我一体**）し、冷静にそのよさを分析する分析能力（**知情意**）もまだありません。

　これが純粋経験であり、その瞬間にだけその音楽の「**よさの本質**」があるといえるのです。逆に、全部聴き終わってから、「いやーこの音楽は、ここがすばらしかった」などと冷静な分析が始まった頃には、**もうよさの本質の瞬間は通り過ぎた後**ということです。

　そして、その純粋経験が存在する「**場所**」を、西田は「**絶対無**」と表現します。絶対無とは観念的な概念で、その内にすべてのものを内包する絶対的な無のことです。

　つまりその中に、主観も客観も渾然一体となったまま、言い換えれば自己が対象を分析できないまま内包しているという考えです。

　そして西田哲学では、最終的に自己の本質を磨いて「**真の自己**」を確立することをめざしますが、残念ながら**自己の本質も純粋経験の中にあるため、分析不可**です。そこで西田哲学では、坐禅を使います。

　つまり道元（P152）の身心脱落で見たように、**頭で考えてわからないことは、坐禅で「体得」してしまう**というアプローチですね。

欧化主義への反発から国粋主義が台頭

> 民族・歴史・文化への誇りを失った
> 日本政府の媚態を攻撃した

三宅雪嶺のフォロワーが続々発生

欧化主義
先進国と
認められるよう、
欧風にふるまおう

排撃

← 卑屈だ！──
← 嫌悪する！──
← 幻滅！──
← 媚態だ！──

国粋主義

三宅雪嶺
（1860〜1945）

日本初の
国粋主義団体

政教社

を設立

志賀重昂
（1863〜1927）

国粋保存

「国粋主義」という
言葉の生みの親

雑誌『日本人』

模倣のみの欧化に
価値はない！

高山樗牛
（1871〜1902）

日本主義

日本古来の
伝統的精神が
国家の基盤

徳富蘇峰
（1863〜1957）

国権論

国家権力が
保たれてこそ、
個人の自由・
権利が保たれる

陸羯南
（1857〜1907）

国民主義

政治主導による
国民的統一と
国家の独立こそ
急務

鹿鳴館外交に見る日本政府の卑屈さ

　国粋主義とは、**日本の民族・歴史・文化の優秀性に誇りを持ち、それを守り発展させようとする思想**です。

　国粋主義が台頭してきた明治20年代、政府は極端な「**欧化主義**」を採っていました。欧化主義とは、鹿鳴館外交に代表される「**政府主導で文化や制度をヨーロッパに寄せていく**」政策です。

　一見華やかですが、実態は、不平等条約に苦しんでいた日本が「対等な条約は、文明国と見なされない限り結べない。**ならば我らも欧風にふるまおう**」との思いから始めた、とても浅薄で卑屈な政策です。

　そもそも「鹿鳴」は「迎賓」という意味ですから、鹿鳴館は華やかさの象徴というよりも「**接待所**」です。

　そんな場所で士族や華族が似合わぬ洋装で外交官を接待する姿は、「媚態」以外の何物でもありませんでした。国粋主義は、そんな**欧化主義への反発**から、それを排撃するために台頭してきた思想です。

　1888年、日本初の国粋主義団体「**政教社**」が誕生します。

　発起人は日本の国粋主義の代表者・**三宅雪嶺**で、彼が**志賀重昂**らに呼びかけて政教社を作り、雑誌『**日本人**』を発行して、模倣のみの欧化主義を批判しました。

　また志賀は、同雑誌を通じて初めて「国粋保存」という言葉を使った「**国粋主義という言葉の生みの親**」です。その後、独自の表現で、国粋主義を訴える人々が続きます。

　例えば**高山樗牛**の「**日本主義**」（日本古来の伝統的精神を国家の基盤に）、**徳富蘇峰**の「**国権論**」［国家権力が保たれてこそ、個人の自由・権利が保たれる（民権論に対抗する考え）］、**陸羯南**の「**国民主義**」（政治主導で国民的統一と国家の独立を）などで、これらの本質はすべて国粋主義です。ただしこれらは、個人の誇りの前提に強い国家を求めるという、**国家主義的色彩の強い国粋主義**です。

　なお徳富蘇峰は、当初「**平民主義（大衆主導での西洋受容）**」を訴えていましたが、そこに限界を感じて国権論に転じています。

自らの思想に殉じた幸徳秋水と北一輝

▷ 社会主義者として帝国主義を
国家主義者として軍部を標的とした

異なる立場から先鋭的な主張を展開

社会主義 ←――異なる思想――→ **国家主義**

社会全体で人間（国民）の
平等をめざす

国民よりも国家を優先する

社会主義者

幸徳秋水
（1871〜1911）

天皇制と帝国主義を批判

自由民権運動だけでは、
世の貧困はなくならない。
身分制度そのものをなくすべき

非戦論

自国の貧困が深刻な時に、
なぜ政府は日清・日露戦争
なんだ？

『廿世紀之
怪物帝国主義』

帝国主義は
愛国主義（たていと）を経、
軍国主義を緯（よこいと）として
織り成した政策である

大逆事件の
首謀者として
逮捕

国家主義者

北一輝
（1883〜1937）

天皇と軍下士官の協力の下、
国の腐敗を一掃して国家改造をめざすべし

『日本改造法案大綱』

天皇が国民のために
富の平等を実現して
くれるのが理想

二・二六事件の
黒幕として
逮捕

🧠 刑場の露と消えた2人の思想家

社会主義者といえば片山潜・安部磯雄・木下尚江らですが、彼らは先述（P186）したので、ここでは幸徳秋水を見ていきます。

幸徳秋水は、中江兆民（P182）の弟子でした。当初、兆民の民権思想に強く影響を受けますが、兆民の死後は社会主義に傾倒します。

「自由民権運動だけでは、世の貧困はなくならない。身分制度そのものをなくさないと。しかも、**自国の貧困が深刻な時に、なぜ政府は日清・日露戦争なんだ？**」——彼はこのように考え、社会主義者の立場から非戦論を唱え、天皇制と帝国主義を批判しました。

特に彼の**帝国主義批判**は有名です。

彼は著書『**廿世紀之怪物帝国主義**』で帝国主義を「愛国主義を〝経〟、軍国主義を〝緯〟として織り成した政策」として批判します。

彼はその後、「**大逆事件**」（天皇に危害を企てたとされる社会主義者の弾圧事件）の首謀者とされ、処刑されます。

次に、**国家主義**とは「個人＜国家」という思想です。つまり国家に最高の価値を認め、国家がめざすもののためには、個人の社会生活を統制することも厭わないという立場です。

北一輝は、社会主義から国家主義に転じた思想家で、国家主義の聖典とされる著書『**日本改造法案大綱**』で、国家改造を主張しました。

彼がイメージする国家は、「**天皇が国民のために、富の平等を実現してくれる国家**」です。

でも現状は、政治権力と軍上層部が結び、「天皇のための国民」のような状況を作り出してしまっています。

それを改造するためには、天皇と、軍の下級仕官の協力が必要です。

つまり、まず天皇に、天皇大権での憲法停止・議会解散・戒厳令発令を依頼し、その戒厳令下で、**腐敗していない純粋な軍の下士官に、クーデターを遂行させます**。成功すれば、腐敗勢力を排除し、天皇と国民が結びついた国家が実現していたわけですが、最終的に彼は、二・二六事件の黒幕として処刑されてしまいました。

それぞれの道を究めた
文学者・文芸評論家

▷ 創作・批評を通じて自らの
　思想を実現しようとした

思想・主張を創作で表現した文学者・評論家たち

詩人

北村透谷
（1868〜1894）

自由民権運動に
参加
↓
資金調達のため
強盗を命じられて
運動から離脱
↓
文学を通じ
「想世界」
（内面世界）の
幸福をめざす

代表作

『蓬莱曲』

作家

宮沢賢治
（1896〜1933）

法華経の
影響を受ける
↓
全体が幸福になった
後に個人の幸福が
訪れると考える
↓
元教員で
利他の精神で
地元岩手の農民の
ために殉じる

代表作

『銀河鉄道の夜』

作家

武者小路実篤
（1885〜1976）

トルストイの
理想主義・
人道主義に共感
↓
実践の場として
宮崎に「新しき村」を
建設する
↓
農業と芸術で
結びついた
ユートピア

代表作

『友情』

評論家

小林秀雄
（1902〜1983）

文芸作品の安易な
類型化を批判
↓
思想は作り手だけの
もので、批評家は
模倣者
↓
自らの思索を
通じて言語化
するのが大事

代表作

『様々なる意匠』

思想を作品に昇華させていった者たち

ここでは、倫理に関連する文学者や文芸評論家を見ていきます。

北村透谷は、明治期の詩人であり評論家です。

彼は当時過激化していた自由民権運動に参加しますが、**資金調達のために強盗を命じられた**ことに疑問を抱き、運動を離脱します。

彼はそれを挫折ととらえて実世界（現実世界）から身を引き、文学を通じて「**想世界（内面世界）**」での自由と幸福をめざしました。

宮沢賢治は、**法華経** (P146) の影響を強く受けた作家です。彼にとっては法華経こそが宇宙の真理であり、そこに出てくる不軽菩薩こそが、法華経の**利他の精神の象徴**でした。

彼は「**世界がぜんたい幸福にならないうちは個人の幸福はあり得ない**」の信念の下、地元岩手で農民と共に生き、農学校教員時代の知識を活かして、ひたすら利他の精神で農民のために殉じました。

「雨ニモマケズ」の末尾にある「サウイウモノニ　ワタシハナリタイ」の「そういうもの」は、まさに利他の象徴・**不軽菩薩の姿**です。

学生時代からトルストイ (P234で後述) の理想主義・人道主義に深く共感していた**武者小路実篤**は、その実践の場として宮崎に「**新しき村**」を建設します。農業と芸術で結びついたその小共同体は、彼にとっての一種の「**ユートピアの実践**」だったのです。

文芸評論家・**小林秀雄**は、批評を「文芸のオマケ」から「**1つの表現ジャンル**」にまで高めた人です。彼は『**様々なる意匠**』で、文芸作品を安直に類型化する従来の批評を批判しました。

小林は**意匠**という言葉を「〝○○主義〟みたいな思想的立場」の意味で使っています。彼によると、多くの批評家は、自らの意匠（例えば「私はマルクス主義者だ」みたいな立場）に基づいて類型的に作品を解釈しますが、これは誤りです。

なぜなら**思想は作り手だけのもの**であり、批評家は単なる模倣者にすぎないからです。だからこそ批評家は安直な類型化をやめ、自らの哲学的思索を通して言語化しないといけない、としました。

全体主義からの復活 戦後の思想家たち

> 戦前・戦中の思想体系を分析し
> 焼け野原からあるべき姿を模索

戦前からそれぞれの教訓を得る

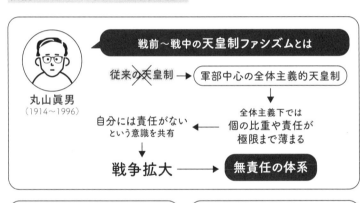

戦前〜戦中の天皇制ファシズムとは

従来の~~天皇制~~ → 軍部中心の全体主義的天皇制

全体主義下では
個の比重や責任が
極限まで薄まる

自分には責任がない
という意識を共有

戦争拡大 → **無責任の体系**

丸山眞男
（1914〜1996）

坂口安吾
（1906〜1955）
代表作

借り物の価値観が
戦争を招いた
↓
「堕落」とは、
自分の弱さと
向き合うこと
↓
借り物の
価値観は捨てて、
本来の姿に

『堕落論』

吉本隆明
（1924〜2012）
代表作

日本に
マルクス主義の
革命はそぐわない
↓
日本の
支配システムは
共同幻想だから
↓
共同幻想から
個人の思想の自由を
勝ち取ることが本義

『共同幻想論』

戦時体制の中で歪められた個

ここでは、戦後の日本の思想家について見ていきます。

丸山眞男は、日本の政治思想史の確立者です。そして丸山といえば、倫理では「無責任の体系」という言葉で有名です。

彼は、戦後すぐに天皇制ファシズムについて分析し、それが従来の天皇制とは異なった「軍部中心の全体主義的天皇制」であったことに気づきました。

そして全体主義の下では、全体に占める個の比重や責任は極限まで薄まるため、戦中の日本人は「**自分には責任がない**」という意識を共有し、戦争を拡大させてしまいました。これが「無責任の体系」です。

坂口安吾は『**堕落論**』で有名な作家です。

彼の言う堕落とは、人間が本来の姿に戻ること、つまりありのままの**弱さや欲望と向き合う**ことです。

思えば戦時中の日本人は、天皇制や武士道精神などの「**借り物の権威的な価値観**」に縛られすぎて状況を悪化させ、敗戦してしまいました。ならば同じ轍を踏まないためには、戦後はそれらを捨てて、本来の姿に戻らねば。これが坂口の主張です。

吉本隆明は『**共同幻想論**』を著した評論家です。

彼は1960年代の学生運動に共鳴しつつも、「**日本にマルクス主義**(P104)**は当てはまらない。もっと別の戦い方を**」と説きました。理由は、支配の構造が違うからです。彼が考える日本の支配構造は、資本家による支配ではなく「**共同幻想による支配**」だったのです。

古代、日本の支配者は天皇でした。当時農業国であった日本では、**自然をコントロールする祭祀が最も重要**で、その祭祀を司っていたのが天皇でした。そして、その祭祀を司っているという事実が、「**天皇は神秘的な支配者**」という共同幻想を生み出したのです。

ということは、マルクス主義の革命路線では、支配の構造は変わりません。それよりも共同幻想から個人の思想の自由を勝ち取ることが、日本のあるべき闘争の姿だ、としました。

神話から読み取れる古代日本人の精神

▷ 古事記から、古代日本人の
楽天的・現世肯定的態度が伝わる

古代日本人のメンタリティ

その1 精霊信仰を基盤とする多神教

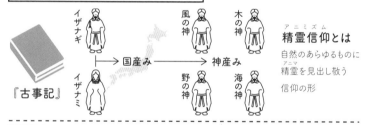

イザナギ
イザナミ
風の神
野の神
木の神
海の神

『古事記』

国産み → 神産み

精霊信仰（アニミズム）とは

自然のあらゆるものに
精霊（アニマ）を見出し敬う
信仰の形

その2 楽天的

穢れや罪は、禊や祓で簡単に解決する

イザナギ
黄泉の国
穢れ
禊（みそぎ）
すっきり！

ススサノオ
高天原
大暴れ
祓（はらい）
許される

その3 現世を肯定する

高天原も黄泉の国も魅力的でない

✦ 高天原 ✦

黄泉の国

高天原は居心地が
悪いし

黄泉の国は
穢れてるし

いまいる
この世が一番

高天原も黄泉の国も敬遠すべき所

ここからは、日本人の国民性を倫理を使って総論的に考えていきましょう。倫理では、日本人の伝統的なものの見方や考え方を探る際、『古事記』を使います。つまり神話を通して、神々の言動や神話の舞台そのものに込められた「古代日本人のヒント」を探していくのです。

まず古代は、アニミズム（精霊信仰）を基盤とする「多神教」でした。イザナギとイザナミが列島を作る「国産み」の後、風の神・木の神・野の神などを産む「神産み」をしていることからもわかります。

ちなみにアニミズムとは、自然の至る所にそれを生かすアニマ（精霊）を見る思想で、その精霊に個性と人格を感じた時、それは「神」という崇拝の対象になります。

また古代の日本人は、楽天的でした。これは深刻な罪や穢れの意識がなかったという意味です。例えばイザナギは、黄泉の国で死の穢れをうつされますが、それへの対処は「禊（穢れの洗い清め）」だけでした。「穢れなんて洗えば落ちる汚れ程度のもの」だったのです。

またスサノオは、高天原（神々の国）で重罪（天照大神の祭祀の妨害）を犯しましたが、それへの対処は「祓」（例えば「頭を丸める」ような、身辺の物を差し出して罪や不浄を取り払うこと）だけです。

さらに古代日本人には、現世肯定的態度が見られました。

これは現世以外の場所が、あまり魅力的に描かれていないことから読み取れます。例えば神々が住む高天原は、天国というよりむしろ、人間には敷居が高くて居心地の悪い世界、黄泉の国は、死の穢れに満ちた汚らわしい世界、といった描かれ方です。

そう考えると、「死後に極楽往生」を求めた浄土信仰は、末法というういつ死ぬかわからない時代だからこそその産物だったのですね。古代の日本人は、死後を美化したりはしませんでした。

それから古代の日本人は、共同体の和を重視しました。農業国の稲作に共同作業は不可欠だったからです。ちなみに「清き明き心（純粋で濁りなき心）」を好んだのも、和のために必要な心情だからです。

地理的要因が生んだ日本の共同体意識

▷ 空間を共有する仲間との和を過剰に意識する「恥の文化」

現代日本人にみられる四大特性

その1 島国根性　閉ざされた環境に安心し、外的要素を拒絶する

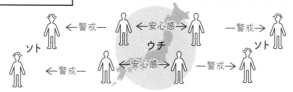

ソト ←警戒― ←安心感→ ―警戒→ ソト

ウチ

←警戒― ←安心感→ ―警戒→

その2 甘え

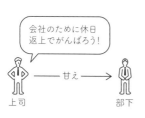

会社のために休日返上でがんばろう！

上司 ―――甘え――→ 部下

その3 タテ社会と建前

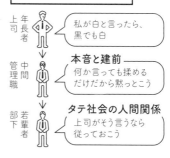

上司　年長者　私が白と言ったら、黒でも白

本音と建前
管理職　中間職　何か言っても揉めるだけだから黙っとこう

タテ社会の人間関係
部下　若輩者　上司がそう言うなら従っておこう

その4 恥の文化

日本　他人に恥ずかしくない行動をしよう

世間の目を重視する **恥の文化**

欧米　自分に恥ずかしくない行動をしよう

自分の良心を重視する **罪の文化**

🧠「島国根性」「甘え」「タテ社会」「恥の文化」

前項では日本人の伝統的な心情について見てきましたが、ここでは「**現代日本人の特性**」について考えていきましょう。

まずは「**島国根性**」です。これは島国という特殊性からくる地理的要因ですが、日本人は外から入ってくる人に慣れていないため、**日本人同士で固まっていることに安心感を覚える反面、よそ者は過剰に意識し、場合によっては排除しようとしたりします。**

このような「**ウチとソト**」の排外性が、島国根性の特徴です。

次に「**甘え**」意識です。甘えは西欧に対応する語がない日本人独特の意識で、「**日本人はみんな島国の仲間**」という身内意識からくる、**他者の好意への依存**です。

甘え意識は、幼児的な甘えに限りません。例えば上司が部下に対し、「このプロジェクトには我が社の存亡がかかっているから、みんな休日返上でがんばろう！」などというのは、部下に労働契約外の休日出勤を期待する甘えです。この日本人の甘えを分析した精神科医・土居健郎の『甘えの構造』は、1970年代に大ベストセラーとなりました。

さらには、共同体の和の重視からくる「**タテ社会**」や「**本音とタテマエ**」なども、現代日本人の特性です。

前者は、和を保つために能力よりも地位や年功を重視する考えで、社会人類学者・中根千枝の『**タテ社会の人間関係**』で詳しく分析されています。また後者は、和を乱すような本音なら、それが正しいことでも慎むべきという考えです。

そして最後に、同じく共同体の和の重視からくる特性として「**恥の文化**」を挙げておきます。

これは米国の文化人類学者・ベネディクトが1946年に書いた日本人論『**菊と刀**』に出てくる言葉です。彼女によると、日本人は「**他人に恥ずかしくない行動（つまり世間の目）**」を重視する「**恥の文化**」の人間で、欧米人は「**自分に恥ずかしくない行動（つまり自分の良心）**」を重視する「**罪の文化**」の人間、ということになります。

ハレとケに分かれる
農耕民・日本人の1年

> ### 「ハレ」は改まった特別な日
> ### 「ケ」は何の変哲もない日常

ハレの舞台は日常を支えるためにある

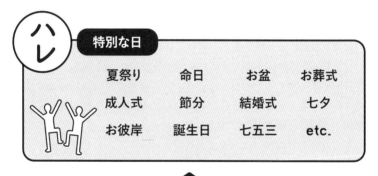

ハレ

特別な日

夏祭り	命日	お盆	お葬式
成人式	節分	結婚式	七夕
お彼岸	誕生日	七五三	etc.

ハレの日の催しは、ケを順調にするための神頼み的イベントにすぎない

昔の農耕民にとってはこっちの方が大切

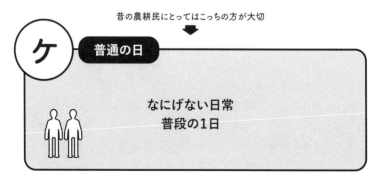

ケ

普通の日

なにげない日常
普段の1日

🧠 あくまでも大事なのは「ケ」の日

ここでは、農耕民・日本人にとっての1年を見ていきましょう。

私たちの1年は、「ハレ」と「ケ」に分類されます。

ハレとは「非日常の、改まった特別な日」のことで、代表的なハレの日の行事は、夏祭りや秋祭りなどの**お祭り**や、2月3日頃の節分、7月7日の**七夕**、あと**お盆やお彼岸**などです。これらは毎年必ず決まった時期に催されるハレの日の行事で、「**年中行事**」と呼ばれます。

それから、毎年ではなく、人生で一度は経験する七五三や成人式、結婚式、お葬式などもハレの日で、これらは「**通過儀礼（イニシエーション）**」と呼ばれます。「お葬式がハレの日のはずがない！」と思った人もいるでしょうが、よく考えたら、ハレの日は晴れた明るい日という意味ではなく「**特別な日**」。だからお葬式は、ハレの日です。

そして「ケ」ですが、こちらは「**日常・普段**」のことです。

ハレとケはどちらが大切かと問われれば、間違いなくケです。なぜなら農耕民である日本人にとっては、**日常の農作業を維持することが何よりも重要**で、ハレの日の祭りなどは、ケを順調に維持するための神頼み、自然をコントロールする試みにすぎないのです。

こうした日本の共同体の神について研究した民俗学者が2人います。柳田國男と折口信夫です。

柳田國男の考える共同体の神は、「**祖霊**」（死者の霊魂）です。

人が死んだ直後の霊魂は単なる死霊ですが、死後何回か供養すると、死霊は清められ、祖霊となります。そして祖霊は近隣の山中に入っていき、子孫を守護してくれるのです。

その柳田の弟子・**折口信夫**の考えた共同体の神は「**まれびと（来訪神）**」です。まれびととは、例えば秋田の「なまはげ」のような、年に1回決まった時期に突如として異界から来訪し、様々にふるまって人々に崇められたり歓待されたりする神です。

折口の考えでは、まれびとは「海のかなたの**常世**（永遠の神域）から、時を定めて訪れてくる霊的存在」です。

COLUMN

「いい嘘・悪い嘘」

　事実と言葉が一致しないことを「嘘」といいます。

　嘘には「いい嘘（ホワイト・ライ）」と「悪い嘘（ブラック・ライ）」がありますが、和辻哲郎によると、倫理的に責められるべき悪い嘘とは、その嘘が「信頼関係に背いているか否か」なのだそうです。

　確かによく考えてみれば、嘘が非難の対象となるには、まず大前提として「相手への信頼」が必要であり、その信頼を裏切るからこそ悪い嘘になるのです。

　逆にいうと、相手をまったく信頼していない対人関係では、相手の言うことなどはなから信用する気がありませんから、悪い嘘になりようがないのです。

　一方、世の中には、相手との信頼関係を裏切るどころか、逆に相手への思いやりに満ちた嘘もあります。

　これは例えば、ガンで余命いくばくもない夫に、最期まで告知をせずに明るい気持ちで余生を過ごしてもらうような嘘です。こちらは和辻的には、倫理的に許される嘘、つまりいい嘘です。

　いずれにせよ、人間は「間柄的存在」として、自己を保ちながら他者との関係性も築かねばなりませんから、どうしてもそこには一定のいい嘘・悪い嘘が入り込む余地が生まれます。しかし嘘は、どんな嘘であれ、ばれると相手を傷つけるものであり、その辺が非常に難しい所です。

　幸い私は「いい間柄」に恵まれており、嘘つきには出会ったことがありません。私の周りは、こんな素敵な人たちばかりです。

「あなたみたいな素敵な男性に、私は似合わないわ……さよなら」

「先輩の講義、すごすぎて俺みたいな新人講師にはまねできません。だから俺は、○○先輩の講義スタイルを参考にしてます」

「今回の原稿、すごく攻めた文章で面白いですね！　ならここをこうして、もっとみんなに楽しんでもらっちゃいましょうよ」

　世界は優しさに満ちています。どうです？　私、間違ってますか？

PART 9

現代社会の諸課題

しめくくりとして、現代社会が抱える倫理的諸課題について学びます。
例えば、バイオテクノロジーの進歩により、
生命倫理の重要性は年々高まっています。
私は予備校で、特に医学部受験生に対し、このテーマを通じて「偏差値の
高さを理由に、医学部を選ぶな」ということを、学んでもらっています。

大衆社会を生んだ
消費と意識の均一化

▷ 工業化と大量生産が進んだ結果、
誰もが同じような生活・指向に至る

他人指向型の社会的性格ができるまで

現代社会 …工業化と大量生産が進む

所得・身分

誰もが安くて
いい物を買える

誰にも選挙権
がある

誰もが情報に
接することが
できる

誰もが教育を
受けられる

大衆
ライン

消費生活の均一化 ━━━▶ 大衆意識の均一化

他人指向型の
社会的性格である

↓

政治的無関心

リースマン
（1909〜2002）

マスメディア

誰かを
まねしよう

自信が
ない

影響 ━━▶

影響 ━━▶

俺が投票したって、政治も
世の中も変わらないよ

🧠 大衆社会が生まれる要因とその特徴

　私たち一般大衆が中心となって構成する20世紀以降の現代社会を、「**大衆社会**」といいます。

　大衆とは「**平均化・均一化の進んだ現代人**」の総称です。平均化・均一化とは「**持ち物や考え方に差がない**」という意味ですが、そもそもなぜ、平均化と均一化が進んだのでしょうか？

　まず現代は、工業化と大量生産のおかげで、お金持ちもそうでない人も、**誰もがいい物を安く買えます**。これで「**消費生活の均一化**」が実現しました。さらに現代は、誰にでも選挙権や教育機会がある上、マスメディアの発達で**誰もが簡単に情報を入手できます**。

　これでお金持ちもそうでない人も、誰もが同じ権利を持ち、同じ教育と情報に基づいてものを考えるようになります。

　そうすると必然的に、**誰もが同じようなものの考え方**になりますね。これで「**意識の均一化**」も実現してしまったわけです。

　そして、その大衆の社会的性格を、リースマンは「**他人指向型**」と名づけました。他人指向型とは「**他者への同調**」、つまり**人のまねをする性格**という意味なのですが、この性格は、大きくなりすぎた現代社会の中で、個人の無力を痛感した私たちが、個の意思決定に自信を持てなくなった結果、「**不安から他者に同調（人まね）**」し始めたために生まれました。

　そして、この性格形成に大きな役割を果たしているのが、**マスメディア**です。マスメディアは「流行発信」などの形で、私たちに人まねの材料を提供してくれますから。というわけで、この「流行に流されやすい」というのが、大衆の特徴の１つとなるわけです。

　そして、大衆のもう１つの特徴が「**政治的無関心**」です。

　これは、大規模な現代社会に暮らす私たちが、社会に占める個の比重の薄まりから、「**自分の１票ごときで、世の中が変わるわけがない**」と思ってしまった結果、「**投票率の低下**」という形で現れます。

時代とともに変わりゆく社会集団と家族の形

> 基礎的集団から機能的集団へ
> 家制度から核家族へ

現代社会のメリット・デメリット

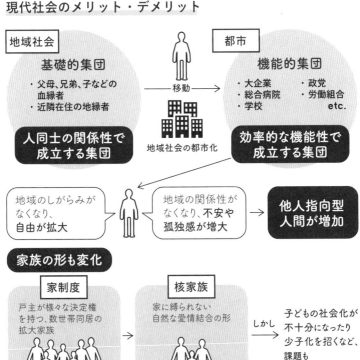

地域社会

基礎的集団
・父母、兄弟、子などの血縁者
・近隣在住の地縁者

人同士の関係性で成立する集団

移動
地域社会の都市化

都市

機能的集団
・大企業　　・政党
・総合病院　・労働組合
・学校　　　　etc.

効率的な機能性で成立する集団

地域のしがらみがなくなり、自由が拡大

地域の関係性がなくなり、不安や孤独感が増大

他人指向型人間が増加

家族の形も変化

家制度
戸主が様々な決定権を持つ、数世帯同居の拡大家族

核家族
家に縛られない自然な愛情結合の形

しかし

子どもの社会化が不十分になったり少子化を招くなど、課題も

都市化の進行と核家族化で起きること

前項は大衆社会の「**総論**」でした。ここから「**各論**」に入ります。

まずは「**都市化**」の進行です。都市人口の急増に伴って、人々のつながりや意識はどう変化していったでしょう。

かつて社会集団といえば「**基礎的集団**」が中心でした。基礎的集団とは、地域社会の「**自然なつながり**」、つまり地縁や血縁のことです。

ところが都市化が進行すると、地域社会を離れて都会に来た人々が、便利だからという理由で「**人為的なつながり**」（例えば、病気を治すのに便利だから病院、お金を稼ぐのに便利だから会社、など）を作ろうとします。これが「**機能的集団**」です。

現代社会は都市化の進行によって、重視される社会集団が基礎的集団から機能的集団へとシフトしてきました。

そのせいで、地域のしがらみがなくなるため、個人の自由は拡大しましたが、地域は心の拠り所でもあったため、不安や孤独感も増大し、他人指向型の人が増えてしまったのです。

次は「**家族の変化**」です。まず戦前の「**家制度**」[戸主（父親）が家族の財産・居住・結婚などの全決定権を持つ制度）があった頃には、家族の形は数世帯同居の「**拡大家族**」が中心でしたが、戦後はそれが「**核家族（夫婦だけか、夫婦と未婚の子）**」中心になりました。

ただし核家族は、別に戦後の新しいライフスタイルではなく、「人類にとって**最も普遍的な家族の姿**」です。日本で**家父長制が始まったのは鎌倉時代**で、**家制度ができたのは明治時代**ですから、鎌倉時代以前は、基本的に核家族中心でした。

そして核家族中心になったことで、家族は家制度に縛られない自然な愛情結合に戻りました。しかし「**家族の最小限の機能**」とされる「子どもの社会化」（子どもが社会の一員となること。家族の役割は「子どもの手本＋正しい価値観の伝え手」になる）や「パーソナリティの安定化（くつろぎの機能）」が不十分になったり、育児負担が増えた結果**少子化**が進んだりと、解決すべき課題も多いのです。

めざましい情報化の進展の光と影

> IoT、ビッグデータ、AI……
> 利便性は様々な弊害も招く

進化し続ける情報化社会のインフラ

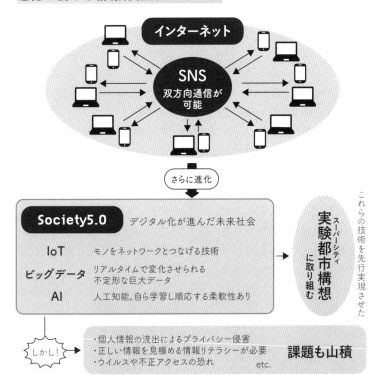

インターネット

SNS
双方向通信が可能

さらに進化

Society5.0 デジタル化が進んだ未来社会

IoT　　　　　モノをネットワークとつなげる技術

ビッグデータ　リアルタイムで変化させられる不定形な巨大データ

AI　　　　　人工知能。自ら学習し順応する柔軟性あり

スーパーシティ
実験都市構想
に取り組む

これらの技術を先行実現させた

しかし！

・個人情報の流出によるプライバシー侵害
・正しい情報を見極める情報リテラシーが必要
・ウイルスや不正アクセスの恐れ　etc.

課題も山積

🗨️ 完成されたユビキタス社会でこれから起こること

　前項に引き続き、大衆社会の特徴を見ていきましょう。

　「**情報化**」**の進展**も、現代社会の特徴の1つです。

　ICT（情報通信技術）のめざましい進歩のおかげでインターネット環境が充実し、今日は「**ユビキタス社会**」（いつでもどこでもネットワークにつなげる社会）がほぼ実現しているといえるでしょう。

　そしてその土台の上に、パソコンだけでなく**スマートフォンを中心としたSNS文化が形成・定着している**のが現状です。

　SNSとはTwitterやFacebookなどの「ソーシャルネットワーキングサービス」の総称で、その特徴は「**双方向性**」、つまり一方通行の情報伝達ではなく、こちらからもリプライ（返信）できる点にあります。

　さらに今日では、「**IoT**」（モノのインターネット。スマホで外からテレビの録画予約をするような、モノをネットワークとつなげる技術）や「**ビッグデータ**」（カーナビやGPSなど、リアルタイムで変化させられる不定形な巨大データ）、「**AI**」（人工知能。人間の知的ふるまいを人工的に再現できるコンピュータ。自ら学習し順応する柔軟性あり）など、次世代デジタル革命とでも呼ぶべき新技術が次々と開発されています。政府はそれらでデジタル化が進んだ未来社会を「**Society5.0**」と呼んで、現在それらを先行実現させた実験都市構想（＝**スーパーシティ構想**）に取り組んでいます。

　しかし、情報化の進展は利便性が高まる反面、**やっかいなことも増えていきます。**

　例えば、**個人情報流出**によるプライバシー侵害、ウイルスや不正アクセス、データ改ざんなどの**サイバー攻撃**、端末の使いすぎからくる**テクノストレス**、パソコンやスマホを使いこなせないことからくる**格差**（デジタルデバイド）などの問題です。

　さらに、インターネット上の情報が玉石混交であることを考えると、その正誤を適切に見極める能力「**情報リテラシー**」（ネットワーク上の情報を正しく活用できる力）も求められてくるでしょう。

絶対的な正解はない
生命倫理の世界

> 多様化する子どもの生まれ方に
> 日本は法整備が追いつかない

常に新しい課題に直面する生命倫理

不妊治療は課題がたくさん

技術的には
可能だけど

倫理的に
どうなの!?

新技術

合法なの?

この技術に関す
る法律ないの!?

日本には規制する法律も
認める法律もない

法律がある・合法

人工生殖の3パターン

1 人工授精
男性から採取した精子を人工的に母体に
注入し、受精、着床、妊娠を促す

2 体外受精
体外で受精卵を作って母体の子宮内に
戻し、着床、妊娠を促す

3 代理出産
体外受精で作った夫婦間の受精卵で、
代理母に出産だけ依頼

逮捕も罰金もないが、日本の法律では出産者＝実母なので、
遺伝上の母親は子どもを「養子」として引き取ることになる

👤 人の生き死には自然現象から操作できるものへ

かつて人の生き死には、**単なる自然現象**でした。

しかしバイオテクノロジーの進歩により、生まれ方や死に方、死後の扱いなどに、様々な選択肢が生まれてきました。その是非を問うのが**生命倫理**（バイオエシックス）です。つまり生命倫理では、「**生命に対する人為的操作は、どこまで許されるのか**」を考えていくのです。

ただし、是非を問うとはいっても、ただ合法か違法かを考えるだけではありません。「なぜこの分野にまだ法律がないのか？」や「違法ではないが倫理的に許されるのか？」まで考えます。

そういう意味では、**生命倫理に「絶対的な正解」はありません**。

だから私たちも、なるべく幅広く、多面的に見ていきましょう。

まずは「**生まれ方の問題**」です。

不妊治療として行われる人工生殖には、**人工授精、体外受精、代理出産**の３パターンがあります。そのうち、人工授精（男性から採取した精子を人工的に卵子に注入）と体外受精（体外で受精卵を作り、子宮内に戻す）の２つは日本でも問題ないのですが、代理出産だけ、日本では若干問題があります。

代理出産は別名「借り腹」と呼ばれる手法で、体外受精で作った夫婦間の受精卵で、別の女性（代理母）に出産だけ依頼します。

この代理出産、合法・違法は国によって様々ですが、実は日本では「**違法ではないが合法でもない**」のが現状です。正確には、日本産婦人科学会は「代理出産を認めていない」のですが、それを**規制する法律も認める法律も存在しない**のです。

そのため、もし日本で代理出産が行われても、実施者には逮捕も罰金刑もないかわりに、戸籍に載る実母は、何と代理母になってしまいます（現行民法では「**出産者＝実母**」だから）。

そして、その子を代理母から引き取ることで、実母のはずの女性が、戸籍上は「**養母**」になります。法整備の遅れが、家族関係をいたずらに複雑にしてしまっているのです。

可能でも問題山積な クローン人間の作製

▷ やるか、やらないかの段階だが
宗教的・法的なハードルが多数

できるけどやらない禁断のヒトクローン

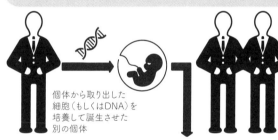

生物学上のクローンとは?
→まったく同じ遺伝情報を持つ個体や細胞群

個体から取り出した
細胞(もしくはDNA)を
培養して誕生させた
別の個体

同じ遺伝子組成を
持つ存在として、
一卵性双生児がいる

すでに技術的には
実現可能

法的問題も未整備
・人なのか、人でないのか?
・子どもなのか、本人なのか?

 日本 2000年、クローン技術規制法で
ヒトクローンの作製を禁止

あとは、やるか、やらないか

 キリスト教圏
(特にアメリカ人)
が猛反対!!

同系統の技術

ES細胞(受精卵から作る「万能細胞」)
→生命倫理上の問題あり
iPS細胞(受精卵を使わない「人工多能性
幹細胞」)→問題なし
どちらもヒトクローン胚の作製は禁止

生命の創造は神の特権なのか

引き続き「**生まれ方の問題**」です。今度は「**クローン**」です。

クローンとは、無性的に増殖した、遺伝子組成がまったく同一の個体や細胞群です。簡単にいうと「**人間のコピー**」ですが、実はクローンでなくても、遺伝子組成が同一の人間はいます。**一卵性双生児**です。

そう考えると、クローンとは人為的に作り出した「歳の離れた双子」のようなものです。なお動物実験レベルでは、1997年にイギリスで**クローン羊ドリー**が誕生しており、技術的には人間のコピーも作製可能。あとは「やるか、やらないか」という所まできています。

ただし「人為的に作り出した」という部分に対して、キリスト教圏（特にアメリカ人）から反対の声が挙がっています。つまり「**創造は神だけの仕事だ！**」というわけです。

実はアメリカという国は、私たちが想像以上に保守的な宗教観の人が多く、21世紀に入ってからの世論調査でも、国民の約半数が天地創造を信じ、**10人中4人がダーウィンの進化論を否定**しています。

クローンには他にも「法的性格の問題」もあります。

つまりクローンは、普通の生まれ方と違いすぎるため、「**人なのか、人でないのか？**」や、「**子どもなのか、本人なのか？**」などの問題が出てくる可能性があるのです。

結局、現在の法体系では不測の事態に対処できないということで、日本は2000年「**クローン技術規制法**」を作ってヒトクローンの作製を禁止しました。諸外国の多くにも、ヒトクローン禁止立法はあります。

あと、クローンと同系統の技術として、特定の組織や臓器のみを培養できる「**ES細胞**」（受精卵から作る「万能細胞」）と「**iPS細胞**」（受精卵を使わない「人工多能性幹細胞」）がありますが、現状のルールでは、これらによる生殖細胞は作製OKですが、それを使い**不妊治療やヒトクローン用にヒト胚やヒトクローン胚を作ることは禁止**です。

ちなみに前者は受精卵を使うため、生命倫理上の問題ありとされますが、後者は使わないため、その問題はクリアしています。

臓器移植を念頭に
拡大された死の範囲

> 死は医師が死の三徴候をもって
> 判断するが法律上は明記がない

臓器移植法で法的に定義された脳死

かつては……

心臓死

心臓停止、自発呼吸停止、瞳孔散大

脳死

全脳の機能の不可逆的な喪失状態
→ 回復の可能性はなく、自発呼吸も
　 不可能

植物状態

脳幹だけ生きている状態
→ 自発呼吸ができ、まれに回復する
　 ことも

死の三徴候を確認し
た医師の判断により
人の死と認める
→ 死の認定についてそれ以上
　 の法的根拠はなかった

新鮮な臓器提供を
可能とするため

1997年 臓器移植法成立（**2009年改正**）

脳死を人の死と認める
脳死者からの臓器提供は、本人の生前の拒否がない限り、家族の意思だけで
OK／臓器提供は15歳未満からでもOK

※臓器提供のため脳死判定を行った人だけが、臓器移植法を根拠
に「脳死＝死」と認められる

臓器のニーズとともに解釈が変わる

かつて人の死は、「死の三徴候」（心臓停止・自発呼吸停止・瞳孔散大）が確認された「**心臓死のみ**」とされ、**脳死は長らく人の死と認められていませんでした**。

脳死の定義は国によりますが、日本では脳幹を含む「**全脳の機能の不可逆的な喪失**」状態です。脳幹だけ生きている「植物状態」と違い回復の見込みはなく、人工呼吸器を装着しなければ、心臓も停止し、自発呼吸もできません。

ただ見方を変えると、脳死者は「**人工呼吸器さえ着けていれば生きているように見える死者**」ともいえ、新鮮な臓器の提供が期待されます。そのため「**脳死を人の死として認めるべき**」との議論が高まり、ついに1997年「臓器移植法」が成立しました。

これにより今後は、「臓器提供意思と脳死判定受け入れ意思を事前に書面（ドナーカード可）で明示し、家族も同意」した場合のみ、**脳死も人の死と認められる**ことになったのです。

しかし同法の条件は厳しく、臓器移植は全然進みませんでした。

そこで臓器移植法は、2009年に「脳死者からの臓器提供は、本人の生前の拒否がない限り、**家族の意思だけでOK／臓器提供は15歳未満**からでもOK」などと改正されたのです。

死の扱いは難しく、**日本の法律は、人の死を積極的に定義していません**。医師法に「医師による死亡診断と宣告が必要」という旨が書かれているものの、何をもって人の死とするのかは法律上不明で、現状は「医師が三徴候説を有力視して受け入れ、判断している」だけです（民法と戸籍法は「死亡後の扱い」のみ）。

脳死者にしても、日本では「**臓器提供のために脳死判定を行った人**」だけが、「臓器移植法だけ」で個体死と認められます。

言い換えると、臓器移植法の要件を満たさない脳死者は、たとえ臨床的に脳死状態になっていても、家族の要求で延命治療を終了しない限り、**永久に個体死と認められることはない**のです。

人間らしい生の終わり 安楽死と尊厳死

> 治療を中止する消極的安楽死と、
> 薬物投与などを使う積極的安楽死

刑法と生命倫理でとらえ方が異なる

● 刑法では……

消極的安楽死（刑法では尊厳死）

これより治療
を中止します

医師は罪に問われない
本来の自然死の状態に戻すだけだから

積極的安楽死

楽にして
あげます

医師は殺人罪で起訴される
自然死と異なる形で死に誘導するから

● 生命倫理では……

尊厳死とは

人間らしい死を
実現するために
死を早める概念

安楽死とは

人間らしい死を
実現するための
具体的手段

尊厳死は理解されているものの法律はなし

前項で「死の扱いは難しい」と書きましたが、「安楽死」と「尊厳死」も、非常に難しい問題です。

安楽死とは、**不治の末期患者の苦痛緩和のために、死を早めること**です。やり方は2種類あって、まず薬物投与などで「命を絶つ」のが「**積極的安楽死**」、そして延命治療を中止して「**治すのをやめる**」のが「**消極的安楽死**」です。日本では、前者は医師が殺人罪で起訴されますが、後者は問題ありません。

なお刑法では、消極的安楽死を「**尊厳死**」と呼びますが、生命倫理では、尊厳死と安楽死は、以下のように解釈します。

「尊厳死＝人の生き死にに関する理念（〝人間らしい死〟を実現するために死を早めるという考え方）」、「安楽死＝〝人間らしい死〟を実現するための具体的手段（積極的・消極的とも）」。

さらに、刑法で尊厳死だけ問題にならないのは、「**治療の中止＝本来の自然死の状態に戻すだけ**」だからです。

実際、尊厳死に関しては国民の理解も得ており、厚生労働省の意識調査によると、約8割が容認しています。しかし法的には、尊厳死は「違法とする法律がない」だけで、厚労省がガイドラインで尊厳死の手続きを明確化してはいますが、**法律による明文化はありません**。

安楽死の是非に、絶対的な正解はありません。例えば**オランダには安楽死法**があり、年間6000人以上、全死亡者の4％以上が、自ら望んで積極的安楽死を選択しています。

また森鷗外の『**高瀬舟**』（不治の病に苦しむ弟の自殺をほう助する男の話）や、手塚治虫の医療漫画『ブラック・ジャック』における安楽死専門医・ドクター・キリコなどを見ても、「人の生き死にの正解って何だろう？」と考えさせられることばかりです。

いずれにしてもこの問題では、「**人間らしい生き死に**」と「**患者の自己決定権**」がキーになりそうです。

ゲノム編集と患者の自己決定権

▷ 医師ができることをする時代から
求められたことをする時代へ

生命倫理をめぐるキーワード

ゲノム DNAの文字列に表された全遺伝子の情報

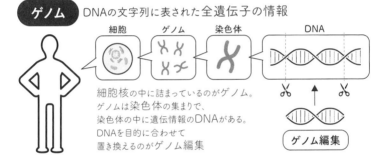

細胞　ゲノム　染色体　DNA

細胞核の中に詰まっているのがゲノム。
ゲノムは染色体の集まりで、
染色体の中に遺伝情報のDNAがある。
DNAを目的に合わせて
置き換えるのがゲノム編集

ゲノム編集

インフォームド・コンセント 医師と患者の間の説明と同意

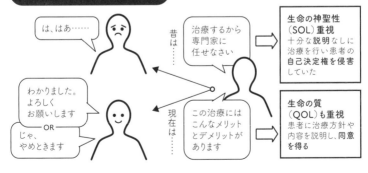

は、はあ……

昔は……

治療するから
専門家に
任せなさい

**生命の神聖性
（SOL）重視**
十分な**説明**なしに
治療を行い患者の
自己決定権を侵害
していた

わかりました。
よろしく
お願いします

ーORー

じゃ、
やめときます

現在は……

この治療には
こんなメリット
とデメリットが
あります

**生命の質
（QOL）も重視**
患者に治療方針や
内容を説明し、**同意
を得る**

より生命の質へ焦点が当たるように

ここでは生命倫理に関する「その他の用語」を説明します。

まず「**ゲノム**」は、DNAの文字列に表された「**全遺伝子の情報**」です。2003年には、日本を含めた国際チームが「**ヒトゲノム解読完了**」を宣言するなど、ゲノム解析は順調に進んでおり、今日は「**ゲノム編集（きわめて正確な遺伝子操作）**」の段階なのです。

ゲノム編集技術は農業や食肉の分野で活用される他、「**デザイナーベビー（親が望む容姿や能力を持つ子）**」の作製にも応用できます（倫理的な問題は指摘されていますが）。

次に、「**インフォームド・コンセント**」は、倫理の授業では「**説明と同意**」と教えます。これは、今日の医療の基本で、「**患者に対する治療方針の十分な説明と、それに対する患者の同意**」という意味です。

かつての医療は、これが不十分でした。

そして「患者を治すのは医者の使命」とだけ考え、何の説明も同意もなく、いきなり抗がん剤治療などを開始したのです。

昔の医師のこういう態度を「**パターナリズム**」（父権的温情主義。「独善的な善意の押しつけ」的な意味）といいますが、これでは「苦しくて容姿も崩れる抗がん剤治療なら、受けたくない」という患者の「**自己決定権**」を侵害してしまいます。

だから今日は、まず治療前に治療のメリット・デメリットを説明し、それに患者が同意して、初めて治療は開始されるのです。

「患者を治すのは医師の使命」との思いは、とても立派です。でもその姿勢は、「**生命の神聖性（SOL）**」だけを重視し、「**生命の質（QOL）**」を軽んじています。いたずらな延命は、時に苦痛を長引かせます。

そう考えれば、SOL一辺倒のブラック・ジャックよりも、場合によってはドクター・キリコが求められることもあり得ます。

だから今日の医療では、医師目線での独善的な「SOL（何が何でも延命）」よりも、説明と同意に基づいて、患者に「QOL（人間らしい生き死に）」を「**自己決定**」してもらうことが**重視される**のです。

第二次性徴で促される 2つの自我の芽生え

> 「男女の別」「親とは別」という意識 から始まる長いモラトリアム

大人の手前で青年を待つ試練

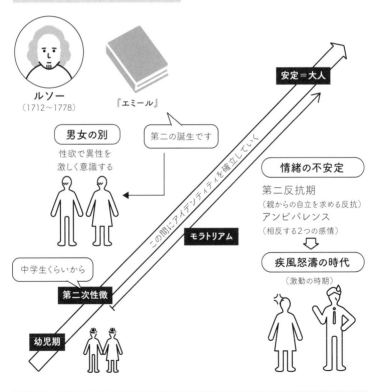

ルソー
(1712〜1778)

『エミール』

第二の誕生です

安定＝大人

この間にアイデンティティを確立していく

男女の別

性欲で異性を
激しく意識する

情緒の不安定

第二反抗期
(親からの自立を求める反抗)
アンビバレンス
(相反する2つの感情)

疾風怒濤の時代

(激動の時期)

中学生くらいから

モラトリアム

第二次性徴

幼児期

🧠 教育期間の長い先進国は青年期も長い

ここからは「青年期の人間形成」を取り上げます。

青年期とは、「**第二次性徴**（精通や初潮など）」の発現から、「**アイデンティティ**」（確固たる〝自分らしさ〟。発達心理学者エリクソンの言葉）の確立を経て、自立した大人になるまでの時期です。

中学生になる頃、私たちの体には第二次性徴が発現します。それに伴い激しい性衝動が現れ、「**自我**」の芽生えにつながります。

自我とは「**他人と区分された自分**」という意識で、第二次性徴から生まれる自我は、2つあります。

1つは、性欲で異性を激しく意識することからくる「**男女の別**」という自我、もう1つは、親への疎ましさからくる「**親とは別**」という自我です。ちなみにルソー（P88）は、教育小説『エミール』で、男女の別からくる自我の芽生えを「**第二の誕生**」と呼んでいます。

そして、ここからが長い青年期の始まりですが、実は**青年期が長いのは、学校教育期間が長い文明国の特徴**です。なぜなら文明国では、学校教育の期間が長く、身体が大人にっても、子ども扱いされる時期が続くからです。逆に未開地では、身体が大人になると同時に社会で働き始めるため、青年期は短く安定した時期になります（文化人類学者ミードの研究）。私たちの青年期に、話を戻しましょう。

この間私たちは、情緒的に不安定になります。情緒面では「**第二反抗期**」（親からの自立を求める反抗）を迎えたり、親のことが好きだけど嫌いみたいな「**アンビバレンス**（相反する2つの感情）」な気分になったりと、まさに「**疾風怒濤の時代**（激動の時期）」です。

また青年期は、大人でも子どもでもない不安定さがあります。社会心理学者レヴィンはそんな境目にいる私たちを「**マージナル・マン**（境界人）」と呼びました。この時間は、大人になるまでの「**モラトリアム**」（エリクソンの言葉で「猶予期間」）でもあります。

私たちはこの間に多くの人と接し、他者との比較を経て最終的にアイデンティティ（自分らしさ）を確立することが求められるのです。

青年期に陥りがちな
自立への不安

> 自立への不安が克服しないと
> 目的意識の喪失や依存心の増大に

大人の手前で青年を待つ3つの壁

スチューデント・アパシー

大学入学後に
無気力になる心理状態

ピーターパン・シンドローム

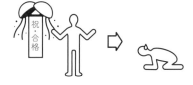

大人になる自覚を持てず、
成長を拒否する状態

パラサイト・シングル

社会人になってからも
独立心が育たず、
実家暮らしを続けて親から
寝食の世話を受けてしまう依存状態

🧠 青年期の終わりに独立心を阻む心理

　青年期の終わりが近づいてくると、わいてくるのが「自立への不安」です。それを克服できないとどうなるのか、見てみましょう。

　「スチューデント・アパシー」は、大学入学後に目標を見失い、無気力になってしまう心理状態です。

　受験勉強は辛いですが、いつの間にか志望校合格だけが目標になると、**受かった時の達成感がゴール**になって、あとは余生……みたいな状態になってしまいます。学生の読者は、この心理状態に陥り、不毛な留年を繰り返さないよう気をつけましょう。

　「ピーターパン・シンドローム」は、「大人になりたくない。モラトリアムのままでいたい」という心理です。大学時代は、ただ遊ぶための時期ではありません。アイデンティティ確立のために対人関係を広げたり、社会人になる覚悟を決めたり、やるべきことをやりましょう。

　「パラサイト・シングル」は、**いつまでも親に経済的に寄生する独身男女**です。これは主に大都市圏の若者に見られます。大都市在住だと、大学も会社もみんな自宅から通える範囲にあるため、1人暮らしや寮生活など、親から自立するチャンスがありません。

　そうすると、気がついたらもう30歳なのに、まだ家に帰るとお母さんがご飯を作ってくれている、みたいな状況になってしまいます。

　その年齢で親のご飯を当たり前と思っている状況は、**自立ではなく**「**依存**」です。せめて就職をきっかけに、ひとり立ちしましょう。

　次は「**青年文化**」の特徴です。

　青年文化には、**他の世代がまねしない特有の風俗**があったり、あるいは既成の価値観に対する反抗や逸脱性が見られます。あと、**流行に流されやすい**のも特徴です。青年はアイデンティティが未確立で、まだ確固たる「**自分らしさ**」ができてないためです。

　そして、それを大人もわかっているから、青年に流行を供給し、ひと儲けを企む輩が出てきます。

　これも「**大人の商業主義に捕捉される**」という、青年期の特徴です。

無意識を研究した精神分析学者フロイト

> ▷ 「エス」と「スーパーエゴ」を「エゴ」が防衛機制で調整する

心の均衡を保つエゴ（自我）の働き

人間の心の構造

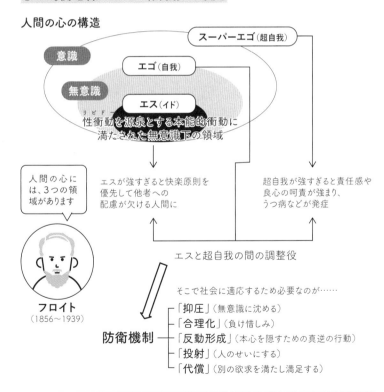

スーパーエゴ（超自我）

意識

エゴ（自我）

無意識

エス（イド）

リビドー
性衝動を源泉とする本能的衝動に
満たされた無意識下の領域

人間の心には、3つの領域があります

エスが強すぎると快楽原則を
優先して他者への
配慮が欠ける人間に

超自我が強すぎると責任感や
良心の呵責が強まり、
うつ病などが発症

フロイト
（1856〜1939）

エスと超自我の間の調整役

そこで社会に適応するため必要なのが……

防衛機制 ─┬─ 「抑圧」（無意識に沈める）
　　　　　　├─ 「合理化」（負け惜しみ）
　　　　　　├─ 「反動形成」（本心を隠すための真逆の行動）
　　　　　　├─ 「投射」（人のせいにする）
　　　　　　└─ 「代償」（別の欲求を満たし満足する）

人の心の中にある３つの領域

　フロイトは、**精神分析学の確立者**です。精神分析学とは、**精神疾患の原因を心の中の「無意識」にある**と考え、治療のために心を分析するという手法です。そして彼は、多くの患者の治療を行った結果、その病根を「**無意識に抑圧された性**」にあると考えました。

　フロイトによると、人間の心には３つの領域があります。まず１つめが「**エス（イド）**」で、ここは「**リビドー（性衝動）**」を源泉とする本能的衝動に満たされた無意識の領域です。

　そして２つめが「**スーパーエゴ（超自我）**」。ここは主に意識部分に形成された「**道徳的良心**」です。

　最後の３つめは「**エゴ（自我）**」。ここはエスと超自我の両方にまたがり、両者を調整します。そしてフロイトは、ヒステリー分析の結果を、こう結論づけています。

　「本来なら発達するにつれて性器に集まるリビドーが、そうならず後退した結果がヒステリーである」

　この**３つのバランスは大切**です。

　エスが強すぎると、自分の快楽原則だけを優先させて他者への配慮を欠く人間になり、逆に超自我が強すぎると、必要以上に責任感や良心の呵責を感じて、自らをうつ病などへと追い込んでしまいます。

　つまり、調整役であるエゴの役割が重要なのですが、そのエゴがエスや超自我と折り合いをつけて、社会に適応するために必要となってくるものがあります。それが「**防衛機制**」です。防衛機制とは、自分の心が傷つかないようにするための「ごまかしのメカニズム」です。

　防衛機制には「**抑圧（無意識に沈める）**」、「**合理化（負け惜しみ）**」、「**反動形成（本心を隠すための真逆の行動）**」、「**投射（人のせいにする）**」、「**代償（別の欲求を満たし満足する）**」などがあり、これらが欲求不満や興奮、病理などを優しく受け流してくれることで、私たちは嫌なことがあってもストレートに病んだり暴れたりせず、社会性を保って生きていけるのです。

人類の共通イメージを元型に求めたユング

> 集合的無意識を「影」「太母」「老賢者」「アニマ／アニムス」などに類型化

ユングの集団無意識と4つの元型

ユング
（1875〜1961）

人類には時代や地域を超えた共通イメージ、集合的無意識があり、それは以下の4つの元型（アーキタイプ）に分類できます

全人類

集合的無意識

| 影
（シャドウ）
自分が認めたくない、
自分の悪の部分 | 太母
（グレートマザー）
慈しみ、包み込んでくれる、母なるもの | 老賢者
（オールドワイズマン）
正しい道へと助言し導く、父なるもの | アニマ／
アニムス
男性の中の女性らしさ、
女性の中の男性らしさ |

🧠 より深みにある集合的無意識

ユングもフロイト同様、**人間の無意識を研究した**精神分析学者です。ただしフロイトが「個人的無意識」を研究したのに対し、ユングは主に「**集合的無意識**」を研究しました。

集合的無意識とは「**全人類共通の無意識**」で、個人的無意識より深い所にあります。ユニークな発想ですが、言われてみれば確かに人類には、**時代や民族の違いを超えた共通イメージ**があります。例えば、文化的接点はなくとも、なぜか古代のギリシャとインドには、両方に「輪廻（生まれ変わり）」の思想があります。

ユングは、その共通イメージがある理由を考え、導き出した答えが集合的無意識なのです。そして、その集合的無意識に、擬人化されたいくつかの普遍的な型があると考え、それらを「**元型（アーキタイプ）**」と名づけました。

元型には「**影（シャドウ）**」（自分が認めたくない、自分の悪の部分）や「**太母（グレートマザー）**」（母親元型）、「**老賢者（オールドワイズマン）**」（父親元型）、「**アニマ／アニムス**」（男性の中の女性部分と女性の中の男性部分）などがあり、それらが**世界中の神話や昔話、夢などに驚くほど似た形で現れてくる**と考えました。

最後に、フロイト・ユング以外の人たちについても見ておきます。

クレッチマーは、「やせ型＝分裂気質（非社交的）」「肥満型＝躁うつ気質（社交的だが躁とうつが交互にくる）」「筋骨型＝粘着気質（几帳面で真面目）」など、「**体型による気質の分類**」で有名です。

マズローは「**自己実現欲求**」で知られます。これは、人間の欲求レベルがしだいに上がり、最終的に自己実現欲求を満たすことが、健全な人格形成には必要という考えです。

シュプランガーは「**求める価値の違い**」による性格分類を行いました。合理性に価値を見出す「理論型」、利益に価値を見出す「経済型」、美に価値を見出す「審美型」、友人に価値を見出す「社会型」、権力に価値を見出す「政治型」、救いに価値を見出す「宗教型」の6つです。

非人間性からの解放 現代のヒューマニズム

> 他者への愛のために自らの人生を
> 捧げたヒューマニストたち

偉大な人道主義の実践者たち

トルストイ
（1828～1910）

地主の地位を捨て、非暴力主義で農民と共に生きた。作家としては小説『戦争と平和』で知られる

ロマン・ロラン
（1866～1944）

反ファシズムを掲げ、人類愛のためには、平和の敵と戦うことも必要とする戦闘的ヒューマニズムを説いた

シュヴァイツァー
（1875～1965）

アフリカで医療と伝道に一生を捧げ、密林の聖者と呼ばれる。命あるすべてを敬う生命への畏敬を重視した

マザー・テレサ
（1910～1997）

「貧しい人たちの中でも最も貧しい人たちに仕えよ」という内なる声を聞き、インドで貧民救済に一生を捧げた

キング牧師
（1929～1968）

平等な権利を求める黒人公民権運動の指導者。「I have a dream」の演説でも知られる

ガンディー
（1869～1948）

非暴力・不服従で、イギリスの植民地支配に抵抗した。提唱した真理の把持はインド独立の原動力となった

🧠 それぞれの道で愛の力を示した

ルネサンス期のヒューマニズム（人文主義・P64）がめざしたのは**「教会支配からの人間性の回復」**でしたが、現代のヒューマニズム（人道主義）がめざすものは**「非人間的な状況からの解放」**です。

作家では**トルストイ**（地主の地位を捨て、非暴力主義で農民と共に生きた）や**ロマン・ロラン**（**戦闘的ヒューマニズム**＝人類愛のためには、平和の敵と戦うことも必要とした）が有名ですが、その他のヒューマニストたちも見てみましょう。

アフリカでの医療と伝道活動に一生を捧げた**シュヴァイツァー**が重視したのは、**「生命への畏敬」**です。

これは**「生きること、生命あるものすべてに価値を認め、敬う」**という思いで、全生命体に無限に拡大された責任をまっとうすることが、彼にとっての倫理でした。

マザー・テレサはマケドニア生まれの修道女でしたが、**「貧しい人たちの中でも最も貧しい人たちに仕えよ」**という内なる声を聞き、インドで貧民救済に一生を捧げました。「他人の苦しみを知りながら無関心でいることが罪であり、その苦しみを取り除くことが愛」と信じた彼女の活動は、まさに**「アガペー（神の愛）の実践」**でした。

「I have a dream」の演説で有名なアメリカの**キング牧師**は、平等な権利を求める黒人公民権運動の指導者です。彼の運動指針は**「愛と非暴力の結合」**として知られています。

インドの**ガンディー**は**「非暴力・不服従」**で、イギリスの植民地支配に抵抗した人物です。彼の抵抗運動は、まず「自己浄化（ブラフマチャリヤー）」して欲望を絶ち、真理を探究する心構えを作った後、「真理把持（サティヤーグラハ）」で宇宙の根源的な真理を把握します。

そしてその真理が「精神と愛の力による勝利」であることがわかれば、最後はその実践、**「アヒンサー（非暴力・不殺生）」**へと進みます。

私たちは「気の毒な人を助けたい」とは思っても、そこに一生を捧げたりはしません。そう考えると、やはりこの人たちは偉大です。

おわりに

　いかがでしたか？

　倫理という科目の面白さ、わかっていただけたでしょうか。

　「倫理＝哲学」と思ってらっしゃる方が多いのですが、本書からもおわかりのように、実は倫理は、宗教・心理学・生命倫理なども含みます。

　なぜなら、「人間の内面」の全体像をつかむにはここまで広げる必要があり、それを多面的に学ぶことでようやく「社会で共に生きるための道理」は見えてくるからです。

　世の中は、まず「枠組み（政治経済）」を知り、さらにそこで生きるための「道理（倫理）」も知ることで、より深く理解できます。

　そういう意味で、普段皆さんが、政治経済と比べてあまり触れる機会のない倫理という科目をご紹介できた意味は大きいと思っています。また同時に、私はその両方を教える予備校講師という仕事に就けたことに、大きな喜びを覚えています。

　とはいっても、最初は大変でした。なぜなら私は、元々経済学部の出身で、代々木ゼミナールには「政治経済の講師」として採用された身でしたから。それが、入って早々いきなり「政経講師なら、倫理も教えろ」なんて言われたわけですから。

　代ゼミ側からしたら「政経も倫理も同じ公民なんだから、当然やれるよな？」ぐらいの軽い気持ちだったのでしょうが、私の耳には「数学講師なんだから、物理も教えられるよな？」ぐらいの暴論に聞こえました。だって政経と倫理、全然違う科目ですから。

　当たり前ですが、政経と倫理は、脳みその使い方が全然違います。

　なのにこれ、全然わかってもらえない。みんな私たちを、曲芸師か何かだと思っている。GDPの話をした直後に、当然デカルトも語れると思っている。だから彼らは、軽い気持ちで「倫理も教えろ」と言ってくる。これが私たちを苦しめる「公民あるある」です。

というわけで、マイナー科目であるがゆえに、講師の苦労が上に伝わらず、常に迫害を受ける公民科目ですが、当時新人講師だった私に、拒否権はありませんでした。私は仙台校に向かう東北新幹線の中で、「カントって誰だよ？」なんて思いながら、泣く泣く手探りで予習を進めていったのです。

　でもそれも、20数年前の話。今となっては、いい思い出です。
　今はむしろ、代ゼミには感謝しています。代ゼミのお陰で私は鍛えられ、今は学生向けの参考書も大人向けの教養書も書けるし、GDPの直後にデカルトを語れるようになりました。もちろんカントだって知ってます。もう私も、いっぱしの曲芸師です。
　しかも、政経と倫理の両方をできるようになると、世の中のしくみが深く理解できるだけでなく、両方を楽しく思えるようになりました。おそらく片方だけなら飽きてしまっていたでしょうが、両方教えると常に脳がリフレッシュされて、楽しみ続けられるのです。
　言うなれば「スポーツと囲碁将棋を楽しむ」ような感覚で、それぞれがもう片方のいい刺激になってくれているのです。
　だから皆さんも、「倫理なんか関係ない」などと思わず、「本業以外に、囲碁将棋でも覚えてみるか」ぐらいの気持ちで、倫理に接してほしいですね。たとえ自分の専門や職業と関係なくても、倫理はきっと皆さんの生活に張りを与え、世の中への理解を深め、人生を豊かなものにしてくれると思います。

　最後になりましたが、本書の刊行に尽力してくれた、すばる舎編集部副編集長の吉本竜太郎氏と編集長の水沼三佳子氏に、心より感謝申し上げます。

2023年 5月

蔭山克秀

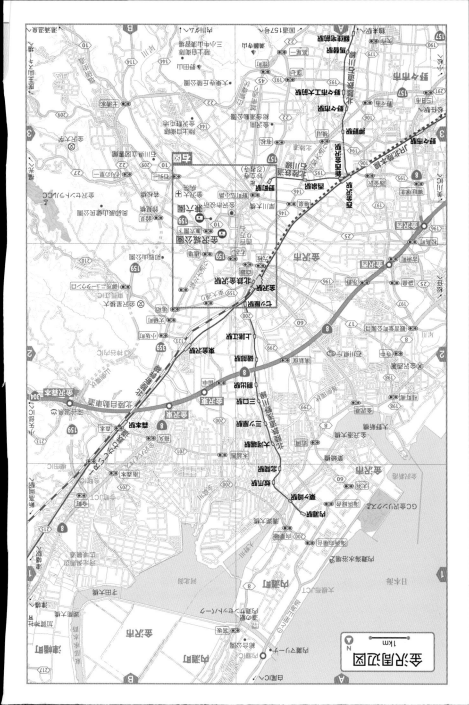

金沢周辺図

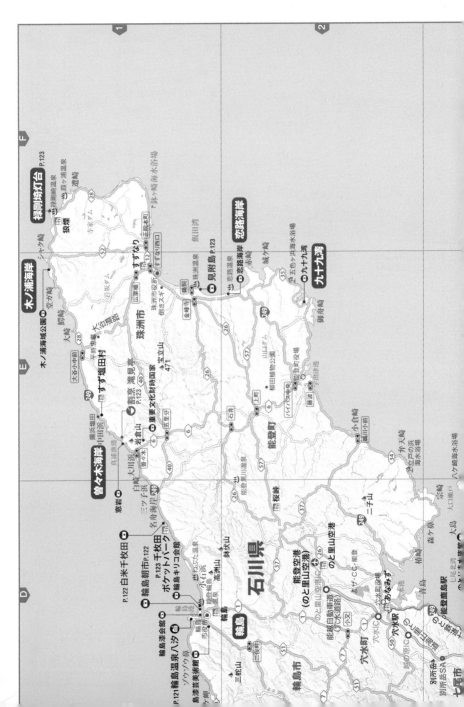

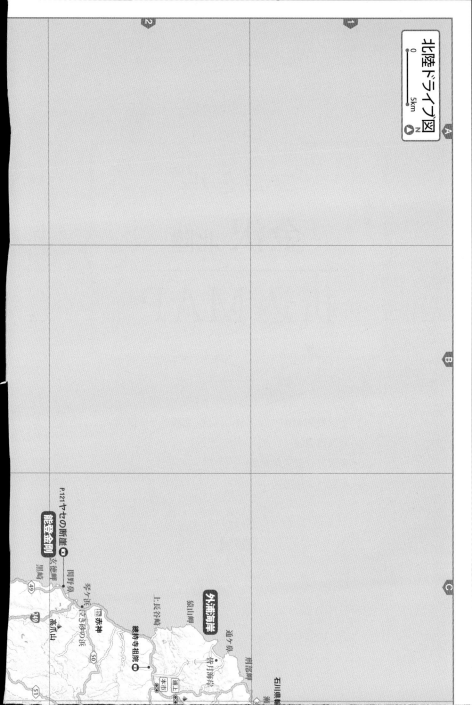

北陸ドライブ図

0 5km

N

A

B

C

1

2

3

能登金剛

P.121ヤセの断崖 ①

黒崎

女徳崎

49

関野鼻

琴ヶ浜

高爪山

行き砂の浜

50

外浦海岸

碁石

赤神

上沄谷崎

綱持寺相院 ①

狐山岬

皆月海岸

迫ヶ崎

本市

浦上

刑部岬

51

石川県

湘

\ 取り外して使える /

ココミル❁

金沢 北陸

折込MAP

〔表〕
❁ 金沢観光MAP
❁ 金沢周辺図
❁ 金沢アクセス早見表
❁ 金沢バス路線図

〔裏〕
❁ 北陸ドライブ図

行き先は
コチラです♪

みどころがひと目でわかる

金沢観光
MAP

ココミル！

0　　　　150m
徒歩約2分
N

P.114 べにや無何有
P.114 あらや滔々庵
P.115 界 加賀
P.115 葉渡莉
P.115 ゆのくに天祥
P.115 彩朝楽
P.112 湯快リゾート山代温泉
P.112 瑠璃光
P.113 九谷焼体験ギャラリーCoCo
P.112 ほうらい本店

石川県

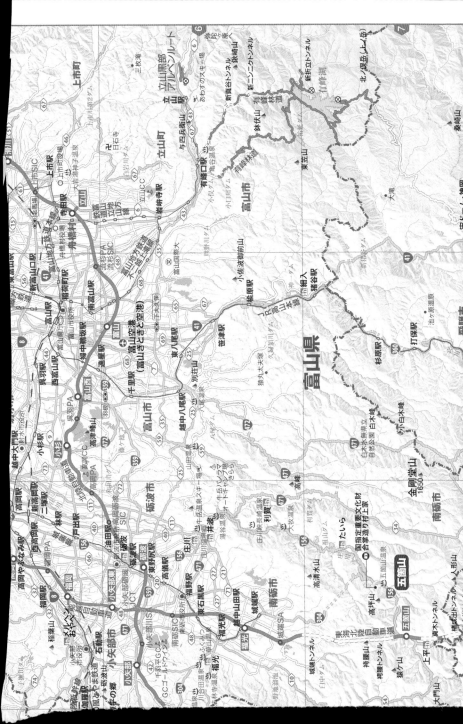

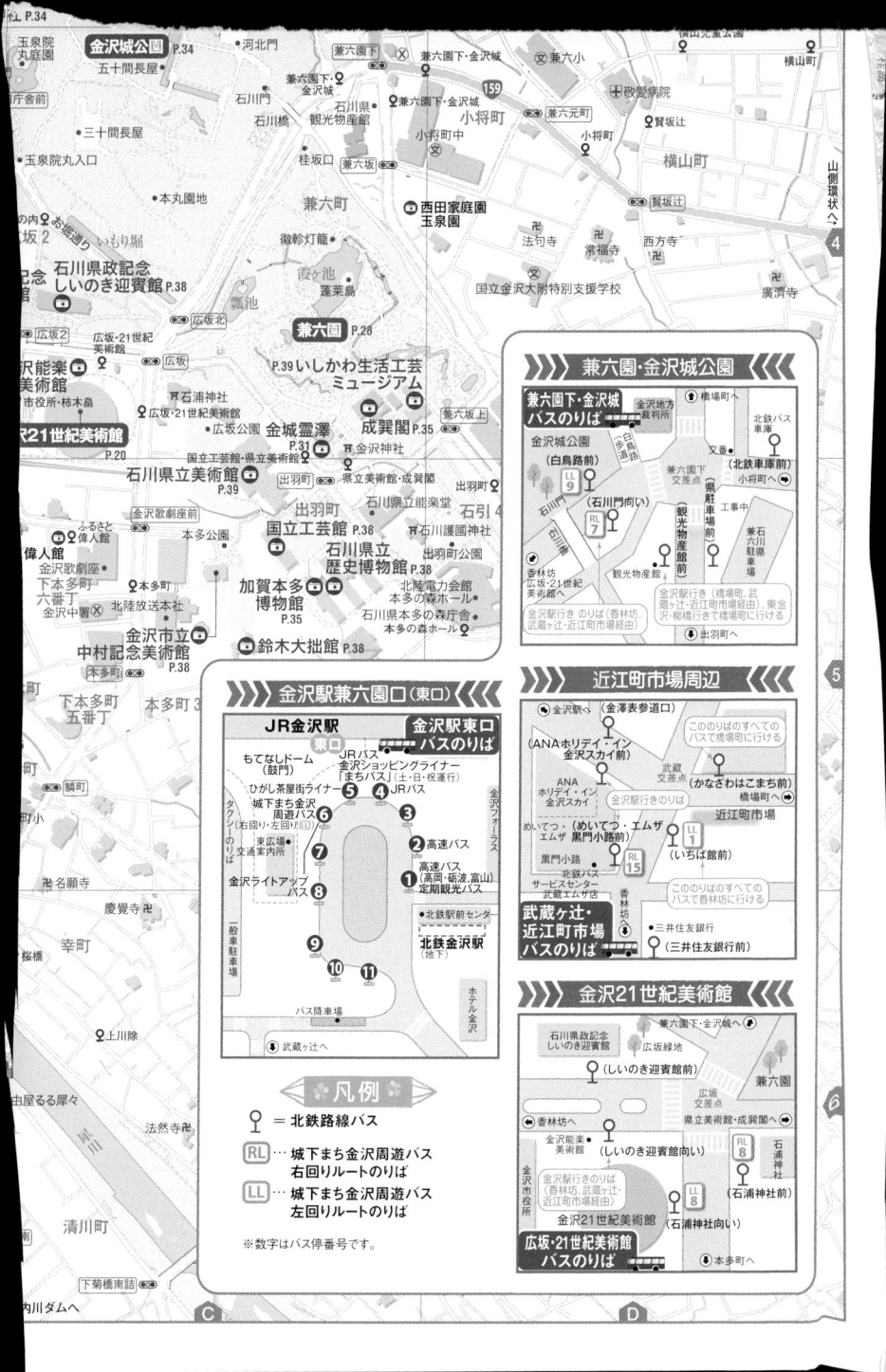

158号へ
長土塀3

長土塀 3
中央通り
元車

金沢市足軽資料館 P.67
157
金沢聖霊総合病院
鞍月用水
谷神社
鼠多
仙石通り
尾山
聖霊病院
聖堂
金沢聖霊病院聖堂 P.67
金沢合同庁

旧加賀藩士高田家跡 P.70
等雲寺卍
長町友禅館 P.67
長町2
大野庄用水
長町武家屋敷休憩館
長町武家屋敷跡
武家屋敷跡野村家 P.67・71
東横INN金沢兼六園香林坊
香林坊2
変なホテル
金沢香林坊
富本町
御影大橋
御影大橋南詰
法船寺卍
犀川神社
長町2
長町 1
香林坊
香林坊 1
いしかわ
四高記念
公園
4
御影大橋南
犀川緑地
浄照寺卍
中央通り
P.70 金沢市老舗記念館
老舗記念館
長町
小松御坊浄覚寺卍
香林坊
香林坊
日銀前
アトリオ
和
香林坊 P.72
石川県
文化交流
前田土佐守家
資料館 P.70
東急スクエア
いしかわ西部
記念公園前
市役所前
プチホテルアイビー
周光寺卍
中村町
中村神社
中村町小学校
西蓮寺卍
新橋
木倉町
養智院卍
片町 P.72
プレーゴ
広坂 1
金沢市役所
ホテルクラウン
ヒルズ金沢
市役所前
金沢市役所 P.39
千日寺卍
片町中央通り
片町 2
片町 1
柿木畠
中村神社
敬栄寺卍
片町
下柿木畠
CoCoTTo KANAZAWA
室生犀星記念館 P.81
白菊町
白菊町
千日町
Tマークシティホテル金沢
河原町
片町
片町 1
ホテルカナメ イン タテマチ
ホテルトレンド
金沢片町
竪町 P.72
上柿木
里見町
金沢ふる
P.81雨宝院・室生犀星展示室
瑞泉寺卍
安閑寺卍
西インター大通り
増泉1
白菊町
神明宮
野町広小路
にし茶屋街
ホテルマイステイズ
犀川大橋北詰
大工町
大工町
犀川大橋
大工町
竪町商店街
池田町四番丁
圓徳寺
アパホテル
<金沢片町>
池田町二番丁
タテマチ
油車
5
金沢西
ICへ
野町 2
妙慶寺卍
寺町 5
十三間町
中丁
池田町一番丁
竪町
P.80
にし茶屋街
野町広小路
野町広小路
伊藤病院
常徳寺卍
池田町立丁
新竪町
新竪町
金沢IC
へ
P.80 金沢市西茶屋資料館
広小路
広小路
真長寺卍
金沢文化服装学院
十三間町
水溜町
新竪町
商店街
新竪栄町
谷口吉郎・吉生記念
金沢建築館 P.82
金沢リハビリテーションアカデミー
中川除町
杉浦町
新竪町
妙立寺 P.82
宝勝寺卍
野町2
増泉 1
九谷光仙窯
極楽寺卍
浄安寺卍
諏訪神社
室生犀星文学碑
アパホテル<金沢野町>
野町 5
常松寺卍
西方寺卍
枝町
川岸町
ホテル花イチリン
落雁諸江屋
金剛寺卍
松月寺卍
本妙寺卍
伏見寺 P.81
妙典寺卍
桜橋
野町駅
野町駅
少林寺卍
香林寺卍
国泰寺卍
寺町 5
本典寺卍
桜橋南詰
桜橋
北陸鉄道石川線
野町3
千手院卍
龍雲寺卍
興徳寺卍
大円寺卍
高岸寺卍
長久寺卍
W坂 P.81
鶴来駅へ
野町
堅正寺卍
玉泉寺卍
法光寺卍
本因寺卍
南大通り
玉龍寺卍
立像寺卍
妙福寺卍
善隆寺卍
野町 4
宝月寺卍
寺町3
泉1
立正寺卍
泉八幡神社
野1
本覚寺卍
本性寺卍
寺町3
妙法寺卍
6
泉 1
本浄寺卍
野町 3
開禅寺卍
希翻院卍
沼田
実成寺卍
寺町 4
融山院卍
寺町
通り
本是寺卍
龍淵寺卍
志向館
寺町 3
龍徳寺卍
泉野町 3
玄光院卍
寺町 2
金沢バイパス・
小松方面へ
弥生 1
林幽寺卍
鶴来へ
A
B

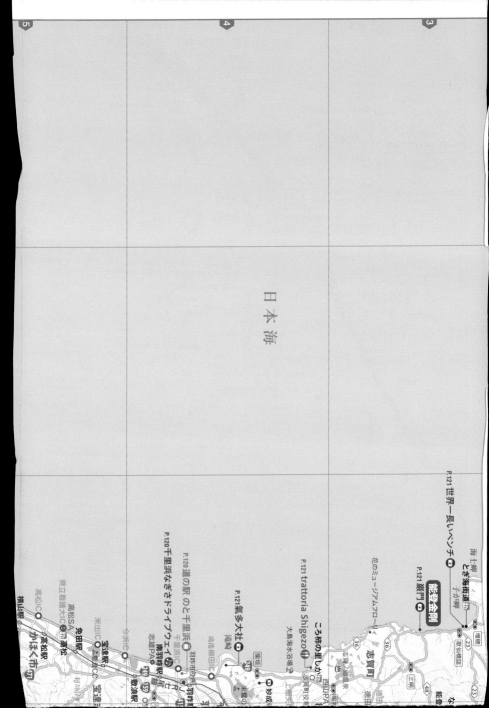

日本海

海上橋
とぎ海街道市
子が橋

P.121 世界一長いベンチ ❻

能登金剛

P.121 巌門 ❻

花のミュージアムフロー

P.121 trattoria Shigezo ❿

大島海水浴場

ころ柿の里しか

P.120 道の駅 のと千里浜 ❿

P.121 氣多大社 ❻

P.120千里浜なぎさドライブウェイ ❿
羽咋市

千里浜IC

滴虚柳田IC

羽咋駅

宝達IC

高松SA
県立看護大IC

高松IC
宝達
米出IC
今浜IC
志雄

高松駅

県立看護大IC

宝達駅
かほく市
横山駅

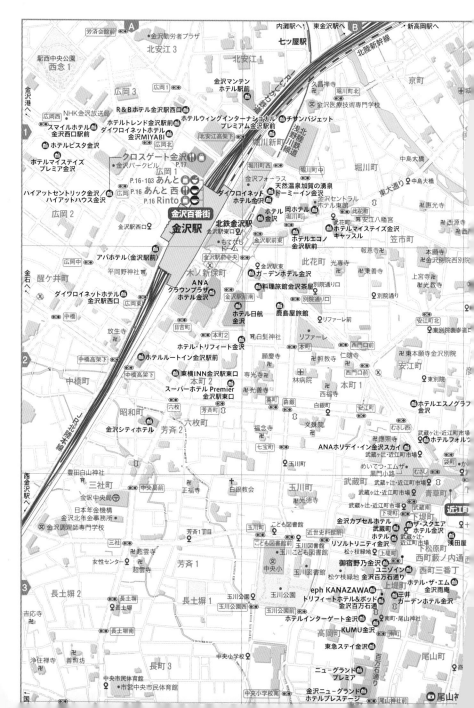

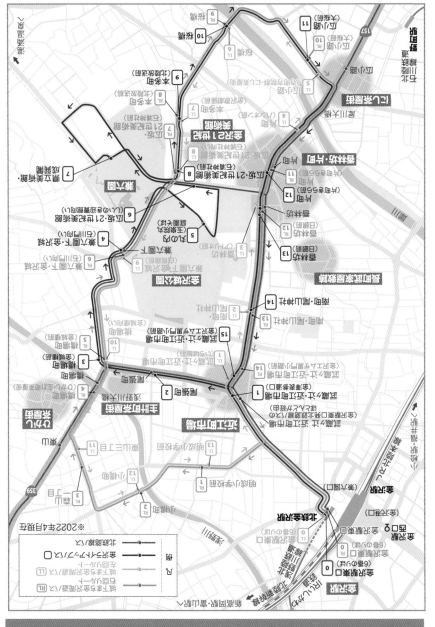

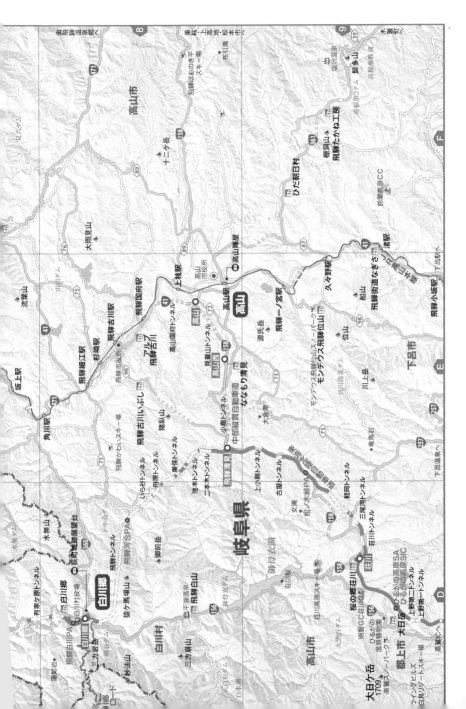

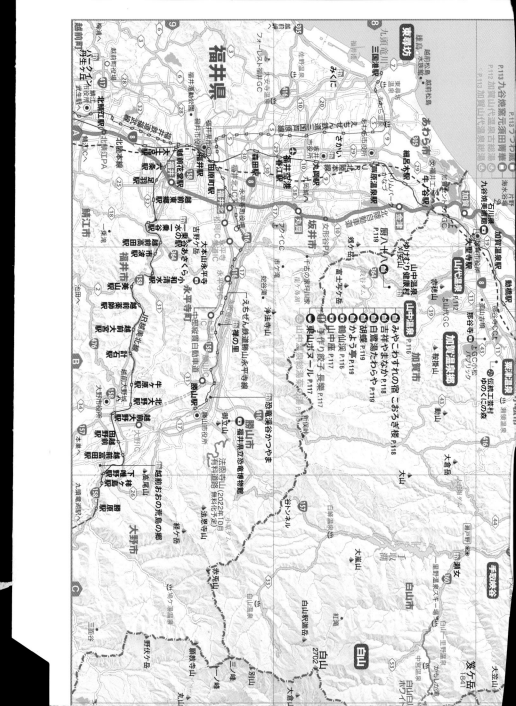

金沢アクセス早見表

目的地→ / ↓現在地	金沢駅 🚏金沢駅東口	近江町市場 🚏武蔵ヶ辻・近江町市場	ひがし茶屋街 🚏橋場町	兼六園 🚏兼六園下・金沢城	金沢21世紀美術館 🚏広坂・21世紀美術館	香林坊・長町 🚏香林坊	にし茶屋街 🚏広小路
金沢駅 金沢駅東口🚏		路…5分 城左…5分 歩…15分	路…7分 城左…10分 歩…×	路…11分 城左…15分 歩…×	路…13分 城右…17分 歩…×	路…9分 城左…9分 歩…×	路…16分 城左…15分 歩…×
近江町市場 武蔵ヶ辻・近江町市場🚏	路…5分 城右…10分 歩…15分		路…3分 城右…21分 歩…15分	路…7分 城右…19分 歩…×	路…6分 城右…15分 歩…×	路…4分 城右…4分 歩…15分	路…10分 城右…10分 歩…×
ひがし茶屋街 橋場町🚏	路…7分 城左…15分 歩…×	路…3分 城右…22分 歩…15分		路…2分 城右…6分 歩…20分	路…5分 城右…8分 歩…×	路…9分 城右…18分 歩…×	路…10分 城右…13分 歩…×
兼六園 兼六園下・金沢城🚏	路…11分 城左…17分 歩…×	路…8分 城左…16分 歩…×	路…4分 城左…2分 歩…20分		路…2分 城右…2分 歩…5分	路…5分 城左…12分 歩…20分	路…8分 城左…7分 歩…30分
金沢21世紀美術館 広坂・21世紀美術館🚏	路…10分 城左…21分 歩…×	路…6分 城左…14分 歩…×	路…6分 城右…6分 歩…×	路…2分 城左…4分 歩…5分		路…3分 城右…10分 歩…15分	路…7分 城右…5分 歩…20分
香林坊・長町 香林坊🚏	路…9分 城左…15分 歩…×	路…4分 城右…4分 歩…15分	路…9分 城左…17分 歩…×	路…5分 城左…9分 歩…20分	路…3分 城右…11分 歩…×		路…6分 城右…6分 歩…15分
にし茶屋街 広小路🚏	路…16分 城右…20分 歩…×	路…10分 城右…9分 歩…×	路…10分 城右…11分 歩…×	路…8分 城左…9分 歩…30分	路…7分 城右…5分 歩…20分	路…6分 城右…5分 歩…15分	

🚌路…北鉄路線バス　🚌城右…城下まち金沢周遊バス右回りルート　🚌城左…城下まち金沢周遊バス左回りルート　🚶歩…徒歩
□…土・日曜、祝日は100円の「まちバス」の利用がお得で便利　※バス停は同じ名称でも方向によって位置が変わる場所があります

2つのバスを覚えましょう

バスの情報はP126でも紹介

🚌城下まち金沢周遊バス

運賃　1回乗車 200円
金沢市内1日フリー乗車券　600円
金沢駅東口から、ひがし茶屋街～兼六園～金沢21世紀美術館～にし茶屋街～片町～香林坊～尾山神社～近江町市場を約40分で周遊し、訪れるみどころに応じて左右のルート選択が可能。金沢駅東口⑥番乗り場から、8時30分ごろ～18時ごろの間、15分間隔で運行。
問合せ ☎076-237-5115
北陸鉄道テレホンサービスセンター

🚌北鉄路線バス

運賃　1回乗車 200円～
金沢市街地をほぼカバー、便数も多い。市内中心部は200円で、それ以外の周辺では距離に応じて変わる。250円区間は観光施設の割引特典も受けられる金沢市内1日フリー乗車券600円で利用可能。
問合せ ☎076-263-0489
北陸鉄道金沢駅前センター

こちらのバスも注目

🚌金沢ライトアップバス

運賃　1回乗車 300円
橋場町や兼六園下、香林坊などを経由。金沢駅東口⑥番乗り場から毎週土曜、19時～21時45分の間、15分間隔で運行。専用フリー乗車券500円(北陸鉄道金沢駅前センターなどで発売)。
問合せ ☎076-237-5115
北陸鉄道テレホンサービスセンター

デジタルチケットも便利

のりまっし金沢

デジタル交通サービス「のりまっし金沢」は、金沢市内1日フリー乗車券などを購入、利用できるアプリ。
【URL】norimasshi.city.kanazawa.ishikawa.jp/